Die kleinen Gesten der Liebe

Daphne Rose Kingma

Die kleinen Gesten der Liebe

Glücklich sein und
glücklich bleiben

Aus dem Amerikanischen
von
Manuela Pervez

INTEGRAL
VOLKAR-MAGNUM

Die Deutsche Bibliothek – CIP-Einheitsaufnahme
Kingma, Daphne Rose:
Die kleinen Gesten der Liebe : glücklich sein und glücklich bleiben /
Daphne Rose Kingma.
Übers. von Manuela Pervez. – Dt. Erstausg., 1. Aufl. –
Wessobrunn : Integral. Volkar-Magnum, 1994
(Lebensreiseführer)
Einheitssacht.: True Love <dt.>
ISBN 3-89304-199-0

–   4. 5. Auflage, 1996 1995   –
(Die äußeren Ziffern zeigen Auflage und Auslieferungsjahr an)

Deutsche Erstausgabe – veröffentlicht als *Lebens*Reiseführer
Copyright © 1994 by Integral. Volkar-Magnum. Verlagsgesellschaft mbH.
Schloßbergstr. 15, D-82405 Wessobrunn
Das Werk einschließlich aller seiner Teile ist urheberrechtlich geschützt.
Alle Rechte, auch die der auszugsweisen Vervielfältigung,
gleich durch welche Medien, vorbehalten.
Published by arrangement with Conari Press, Emeryville, Kalifornien
Titel der Originalausgabe:
True Love. How to Make Your Relationship Sweeter,
Deeper and More Passionate.
Copyright © 1991 by Daphne Rose Kingma

Lektorat und Korrekturen: Angela Kuepper, München
Umschlaggestaltung: Zembsch' Werkstatt, München, unter Verwendung
des Bildes „Die japanische Brücke" (1899) von Claude Monet.
Satz: Vollnhals Fotosatz, Mühlhausen
Druck und Verarbeitung: Jos. C. Huber, Dießen
Herstellung: Rainer Höchst, Dießen
Printed in Germany
... auf chlorfrei gebleichtem Papier

ISBN 3-89304-**199**-0

Für Dominique, deren wahre Berufung es ist, zu lieben

Keines dieser Worte wäre ohne die liebevolle Ermutigung und unermüdliche Unterstützung meiner überaus genialen Herausgeberin Mary Jane Ryan jemals zu Papier gebracht worden, und ich bin ihr unendlich dankbar dafür.

Inhalt

Behandeln Sie Ihre Beziehung als etwas Kostbares

Daphne Rose Kingma

Transformation durch Liebe

Vorwort

Dieses kleine Buch ist eine Anleitung zu wahrer Liebe: einer Liebe, die von Dauer ist, einer Liebe, die heilt, einer Liebe, die transformiert und die unsagbare Freude bringt. Auch wenn in vielen Büchern die verborgenen Muster innerhalb von Beziehungen beschrieben und eine Reihe von Methoden angeboten werden, wie man sie meistern kann, ist es nicht meine Absicht, hier darauf einzugehen. Statt dessen soll dieses Buch ein „Geschenk" an Sie sein, mit dessen Hilfe Sie Ihre Beziehung pflegen und heilen können. Es ist ein Leitfaden zur Stärkung Ihrer Liebesfähigkeit. Unabhängig davon, wer Sie sind, können Sie Ihre Partnerschaft verbessern, indem Sie sich die entsprechenden Einstellungen und Verhaltensweisen zu eigen machen.

Sie können dieses Buch von Anfang bis zum Ende durchlesen oder es einfach irgendwo aufschlagen und täglich ein Kapitel lesen. Als besonders wertvoll hat sich folgende Methode erwiesen: Suchen Sie sich einen Punkt heraus und bitten Sie Ihren Partner, diesen in die Tat umzusetzen – an diesem Tag, eine Woche oder einen Monat lang –, während er oder sie das gleiche von ihnen erbittet. Sehr wahrscheinlich werden Sie sich beide etwas aussuchen, was Sie wirklich brauchen, und wenn Sie das bekommen, was Sie möchten, intensiviert dies die Liebe, die Sie füreinander empfinden.

Liebe gedeiht nur dann, wenn wir uns seelisch auf sie vorbereitet haben. Teil I, *Die Bedingungen der Liebe*, handelt von dieser Vorbereitung und schenkt Ihnen einiges an Wissen, das Sie benötigen, um ein günstiges Klima für die Liebe zu schaffen. Hierzu zählen auch Einblicke, die die Art, wie Sie Ihre Beziehung und die Möglichkeiten sehen, die in ihr stecken, sowie die Erwartungen, die Sie an sie stellen, verändern werden.

Teil II, *Die Gesten der Liebe,* bietet Vorschläge für Handlungen, die – wenn sie bewußt durchgeführt werden – sicherstellen werden, daß die von Ihnen gesäte Liebe wachsen und gedeihen wird. Teil II ist in drei Abschnitte untergliedert: „Nähren Sie Ihr liebendes Selbst", „Sorgen Sie liebevoll für Ihren Partner" und „Behandeln Sie Ihre Beziehung als etwas Kostbares", denn wahre Liebe beinhaltet, daß Sie für sich selbst, für die andere Person und auch für die Beziehung an sich sorgen.

Und schließlich hat wahre Liebe ein sehr hohes Ziel. Sie soll uns durch den Spiegel des Menschen, der uns liebt, in die tiefsten Bereiche unseres Selbst führen, hin zu einem Gewahrwerden des Sinns in unserem Leben und zu seiner Erfüllung. Teil III, *Transformation durch Liebe,* zeigt Wege auf, wie wir die Kraft der Liebe einsetzen können, um uns in das zu verwandeln, was wir unserem vollen Potential gemäß sein können. Dies ist die höchste Gnade, die wir durch Liebe erfahren können, ihre eigentliche Berufung und das größte Werk, das sie vollbringen kann. Durch die Fähigkeit zu lieben sind wir wahrhaft in der Lage, Berge zu versetzen und die Welt zu verändern.

Einführung

In jedem von uns existiert eine große Sehnsucht nach Liebe. Die Liebe, die wir uns wünschen, ist nicht nur jenes euphorische Gefühl, „Schmetterlinge im Bauch" zu haben, das mit neuem Verliebtsein einhergeht, sondern auch der unbeschreibliche Trost, den es mit sich bringt, zutiefst verstanden, angenommen und versorgt zu werden, ein grundlegendes Gefühl von Frieden und seelischer Geborgenheit, das der tiefen Verbundenheit mit einem anderen menschlichen Wesen entspringt.

Das Erstgenannte zu erreichen ist meist nicht schwer. Romantische Liebe beruht auf Trieben oder Anziehungskraft; sie wird vom Mondlicht, vom Zauber der Musik, dem magischen Duft lauer Sommernächte entfacht. Das zweite – wahre Liebe – ist jedoch weitaus komplizierter. Nur allzu häufig werden wir von den Menschen, in die wir uns verlieben, enttäuscht. Wir möchten die wunderbaren Gefühle aufrechterhalten, doch wir sind dazu nicht in der Lage. Wir möchten die Bande zwischen uns stärken und wissen doch nicht wie.

Ich begann dieses Buch zu schreiben, als ich bereits viele Jahre lang mit Menschen gearbeitet hatte, deren tiefster Herzenswunsch es war, die Freude und Verbundenheit wahrer Liebe zu erfahren. Welche Erfahrungen diese Menschen zu jenem Zeitpunkt auch mit der Liebe machten – sie zeigten mir durch ihren Kampf und ihre Sehnsucht, daß in uns allen ein großes Bedürfnis nach Liebe wohnt – nach Liebe, die unser Herz erfüllt, unseren Körper erregt und unsere Seele nährt.

Während ich mit diesen Menschen arbeitete, wurde mir jedoch klar, wie wenig wir darüber wissen, auf welchem Wege wir diese Gefühle und die Erfahrung, die Linderung, die Freude und den Trost bekommen können, die wir uns von unseren Liebsten wünschen. Wir haben gelernt, wie man ein Scheckbuch führt, mit schmutzigen Hemdkragen fertig wird und ein Feinschmecker-menü zusammenstellt, doch niemals ist uns beigebracht worden, wie man eine wahrhaft liebevolle Beziehung gestaltet. Statt dessen stellen wir uns vor, daß die Liebe ohne jegliche Anstrengung unsererseits all unsere Probleme lösen und all unsere Träume wahr werden lassen wird – was von Liebesromanen, Unterhaltungs-musik und Filmen bestätigt wird.

Wahre Liebe ist mehr als ein Gefühl, mehr als ein magisches Zwischenspiel voll emotionaler Begeisterung, das vorüber ist, sobald der Vollmond zu einer Sichel geworden ist. Liebe ist eine Reihe von Verhaltensweisen, Einstellungen und Erkenntnissen, deren praktische Umsetzung jenen Zustand erschafft und auf-rechterhält, den wir als Liebe bezeichnen. Liebe in Form einer Beziehung, die uns befriedigt, unterstützt und heilt, ist das Ergeb-nis vieler kleiner und großer Bemühungen. Im eigentlichen Sinn ist wahre Liebe „Liebesdienst", und sie entsteht nur dann, wenn wir erkennen, daß Liebe sowohl ein Geschenk als auch das Ergeb-nis eigener Anstrengungen ist.

Denn wahre Liebe fordert von uns, und sie beschenkt uns. Sie fordert, daß wir die Betrachtungsweise unserer selbst, der Men-schen, die wir lieben, der Welt und des Wesens des Menschen ändern. Sie verlangt, daß wir Dinge lernen, von denen wir viel-leicht gar nichts wissen wollen oder von denen wir uns nicht träumen ließen, daß wir sie wissen müssen. Sie fordert, daß wir unser Verhalten ändern – im Privatleben wie in der Öffentlichkeit, emotional wie spirituell. Sie lädt uns ein, uns auszudehnen und auf andere Menschen zuzugehen, zu nähren und zu empfangen. Sie fordert von uns, daß wir freundlich, realistisch, phantasievoll, rücksichtsvoll, aufmerksam, intuitiv, diszipliniert und mutig sind. Sie unterweist uns in der Kunst des Menschseins.

Dieses kleine Buch ist auch eine Einladung an Sie, Ihre Glau-benssätze in bezug auf die Liebe zu ändern – sie nicht als ein Uni-versalheilmittel zur Befriedigung Ihrer selbst zu sehen, sondern als eine Kraft mit der grenzenlosen Fähigkeit, unser Leben völlig zu verwandeln. Eben weil wir ahnen, daß Liebe eine solch transfor-mierende Kraft ist, streben wir ständig danach, sie zu erfahren und die Segnungen zu empfangen, die sie uns zu spenden vermag.

Wir existieren nicht einfach nur, um geliebt zu werden, wir müssen auch lernen, liebevoll zu sein. Wahre Liebe ist bewußte Liebe; bewußtes Lieben – das Wissen um eine große Bandbreite scheinbar unmöglicher Aufgaben und deren Erfüllung zugunsten des anderen – ist die spirituelle Kunst des 20. Jahrhunderts.

Die Liebe, die uns umgibt, muß auch in uns wohnen. Denn sowohl durch das Lieben als auch durch das Geliebtwerden werden wir im wahrsten Sinne wir selbst. Unabhängig davon, was wir tun, sagen, schaffen oder werden – letztendlich zeichnet uns unsere Fähigkeit zu lieben aus. Am Ende wird nichts von dem, was wir in diesem Leben tun oder sagen, soviel Gewicht haben wie die Art und Weise, wie wir einander geliebt haben.

Die Bedingungen der Liebe

Liebe ist ein Prozeß, kein Endziel

Wir denken oftmals – zumindest unbewußt –, daß sich alles in unserem Leben ordnen wird, wenn wir uns endlich verlieben und uns dafür entscheiden, unser Leben mit einem anderen Menschen zu teilen. Dann werden wir „zur Ruhe kommen", wie wir zu sagen pflegen, was stillschweigend mit einbezieht, daß alles so bleiben wird, „bis daß der Tod uns scheidet".

Ich nenne dies die „Schuhkarton-Vorstellung von Liebe". Im Rahmen dieser Sichtweise ist eine Beziehung wie ein Schuhkarton oder eine andere kleine Schachtel, worin man etwas Wertvolles wie zum Beispiel den eigenen Hochzeitsstrauß aufbewahrt. Man wickelt die Blumen in Seidenpapier ein, legt sie in den Karton und hofft, daß der Inhalt so bleibt, wie er ist – bis ans Ende aller Zeiten.

Unglücklicherweise denken viele von uns genauso über ihre Beziehungen. Wir stecken unsere Liebe in einen Schuhkarton, verstauen sie irgendwo und bilden uns ein, wir könnten sie in unverändertem Zustand jederzeit wieder hervorholen. Wir glauben, daß wir nichts dafür tun müssen, um sicherzugehen, daß sie nicht modrig oder von Motten zerfressen wird.

In Wirklichkeit ist eine Beziehung jedoch ein Prozeß und kein Endziel. Sie beginnt mit einer Liebe, die unsere Aufmerksamkeit fesselt und unsere Leidenschaft entfacht und geht durch unzählige und endlose Auf und Abs, durch Veränderungen, die ihr Struktur, Charakter und Würze geben und die die beiden Menschen, die sie kreiert haben, formen und umformen, ohne daß sie es unbedingt wollen oder erwartet hätten.

Bewußt oder unbewußt nehmen wir in unseren Beziehungen vieles auf uns. Wir gehen unsere persönliche Geschichte mit unseren Eltern noch einmal durch, wir heilen alte Wunden aus der Kindheit. Wenn wir lieben, liefern wir uns der Erziehung und dem Vorbild unseres Partners aus, was uns dazu befähigt, zahllose unterdrückte oder vernachlässigte Aspekte unserer selbst zu entwickeln. All diese Wunder der persönlichen Transformation können sich ereignen – und sie tun es auch nur dann –, wenn wir die Vorstellung beiseite lassen, daß jegliche Beziehung ein festes Gebäude ist, welches einen fixen Punkt im Universum einnimmt.

In einer Beziehung geht es um Entwicklung und Wachstum. Sie ist ein heiliger Raum zwischen zwei Menschen für die Evolution ihrer Seelen. Die Veränderungen, die eine Beziehung für sich als Einheit durchmacht, sind der Maßstab für die Veränderungen, die die beiden beteiligten Individuen auf sich nehmen. Was wir von unserer Beziehung fordern, ist ein Maßstab dessen, was sie von uns verlangt und was jeder von uns im Laufe der Zeit werden wird.

Erinnern Sie sich aus diesem Grunde immer daran, daß Liebe ein Prozeß ist, und zelebrieren Sie die Veränderungen, zu denen sie Sie auffordert. Dies bedeutet, ständig dafür offen zu sein, über sich selbst hinauszuwachsen. Widerstand zu leisten heißt, daß Sie sich selbst herabsetzen und letzten Endes nicht Ihr gesamtes Potential verwirklichen.

Jeder braucht mehr Liebe

In unserer Beziehung – diesem besonderen, schützenden Ort, von dem wir hoffen, daß er sich als die Erfüllung unserer Hoffnungen und Träume entpuppen wird – suchen wir alle nach der Liebe, die wir niemals bekamen (oder von der wir nie genug bekamen), als wir noch Kinder waren. Inmitten all unserer Bemühungen, das zu erhalten, was wir wollen und benötigen, vergessen wir unglücklicherweise schnell, daß auch der Partner ein wenig mehr an Liebe gebrauchen könnte.

Wie in anderen Lebensbereichen auch, neigen wir in Beziehungen zu dem Glauben, daß wir die einzigen sind, die „es" (das Problem, die Erkältung) haben oder hatten (den schlechten Arbeitstag) oder brauchen (mehr Liebe). Aber das stimmt einfach nicht. *Jeder* braucht mehr Liebe. Mehr Liebe. Mehr Liebe. Mehr Liebe. Die Wahrheit ist, daß niemand eine perfekte Kindheit hatte und keiner von uns ausreichend Lob, Aufmerksamkeit, Anerkennung und Zuneigung bekommen hat, daß wir alle nicht genug verhätschelt, geknuddelt, beglückt oder ermutigt wurden. Wir *alle* brauchen jetzt mehr.

Wenn Sie sich vor Augen führen, daß jedermann ebenso bedürftig ist wie Sie, sind Sie in der Lage zu verstehen, daß die Liebe, die Sie geben, der Liebe entspricht, die Ihnen geschenkt wird. Dies bewahrt uns davor, zu Geizhälsen in der Liebe zu werden, die so große Angst davor haben, ihren Anteil nicht zu bekommen, daß sie zurückhaltend und knauserig werden, wodurch beide Partner auf verzweifelte liebeshungrige Babys reduziert zu werden.

Diese Sichtweise sorgt auch dafür, daß wir uns darum bemühen, all die Dinge zu tun, die unsere inneren Empfindungen zum Ausdruck bringen. Wenn wir jemanden lieben, machen wir oft den Fehler anzunehmen, daß unser Partner dies ohne ein besonderes Verhalten unsererseits weiß und fühlt. Die Erfahrung

Daphne Rose Kingma

des Gefühls, geliebt zu werden, erwächst jedoch aus einer Vielzahl von besonderen Einstellungen, Handlungen und Hilfestellungen, die zusammengenommen das ablesbar machen, was wir im Herzen tragen. Es genügt nicht nur, einander zu „lieben", wir müssen dieser Liebe auch beständig Ausdruck verleihen.

Denken Sie daher daran, daß die andere Person genausoviel Liebe braucht wie Sie, und seien Sie jeder Hinsicht großzügig mit Ihrer Liebe – mit Lob, Küssen, Komplimenten, Umarmungen, Festlichkeiten, Geschenken, Leidenschaft, Poesie, Magie, Geld, Geheimnissen, Musik und mit all dem, was Ihnen Hollywood vormacht. Lieben Sie mit Stille, Güte, Farben, Meditation und Gebeten. Lieben Sie, wie Sie es sich bislang noch nicht erträumt haben.

Je mehr Liebe Sie geben, um so mehr Liebe werden Sie empfangen. Je mehr Liebe empfangen wird, um so mehr Liebe wird im Überfluß vorhanden sein. Je größer der Überfluß an Liebe ist, um so süßer wird das Leben. Je süßer das Leben ist, um so mehr Liebe wird in der Luft sein, die wir atmen und in der wir leben.

„Das eingerissene Ohr"
– eine Theorie der Liebe

Wenn wir uns verlieben, erwarten wir bewußt oder unbewußt, daß die andere Person vollkommen ist – der perfekte Partner, die Gespielin, der Freund, die Geliebte, der Vater oder die Mutter unserer Kinder. In dem Augenblick, in dem wir mit der Wahrheit in Berührung kommen – daß der Mensch, den wir lieben, ein sterbliches menschliches Wesen ist und nicht die Projektion unserer wildesten und grenzenlosesten Phantasien –, nehmen die Probleme in unseren Beziehungen ihren Anfang. Plötzlich bekommt der Ritter auf dem weißen Roß Risse in seiner Rüstung und Rapunzel in ihrem Turm Kletten in ihrem schönen langen Haar.

Dies ist der Augenblick für meine Theorie von der Liebe, die ich „das eingerissene Ohr" nenne. Sie ist ein wundervolles Gegenmittel gegen überzogene Erwartungen. Die Theorie vom eingerissenen Ohr fordert Sie dazu auf, die Unvollkommenheiten des Menschen, den Sie lieben, zu akzeptieren und ihn trotzdem zu lieben. Sie erhielt ihren Namen zu Ehren meines alten Katers Max. In seiner Jugend war Max ein wunderschönes Tier, ein Maine Coon mit Augen zum Dahinschmelzen. Er hatte Stil und Klasse, besaß einnehmende soziale Umgangsformen, eine gewisse Kultiviertheit in seinen Zügen, eine bewundernswürdige Art zu schnurren und eine große Weisheit, was die Jagd anbelangte. Und natürlich liebte ich ihn.

Eines Tages wurde Max jedoch in einen Straßenkampf verwickelt. Er kam mit einem blutigen, eingerissenen Ohr nach Hause. Die Wunde verheilte allmählich, doch der Riß blieb. Es stellte sich nun die Frage, ob ich ihn weiterhin liebte, lieben würde und lieben konnte – jetzt, wo er einen so offensichtlichen Makel besaß. Und die Antwort war und ist natürlich nach wie vor: Ja.

Die Wahrheit ist, daß wir alle so sind wie Max – wir sind alle verwundet, haben auf die eine oder andere Art und Weise eingerissene Ohren, Narben in unserer Seele (und manchmal auf unserem Körper), wo die Verletzungen der Kindheit ihre Zeichen hinterlassen haben: ein angeschlagenes Selbstwertgefühl, Verlegenheit wegen einer speziellen körperlichen Unvollkommenheit, Angst, daß wir es vielleicht nicht wert sind, geliebt zu werden, Scham in bezug auf unsere begrenzte Leistungsfähigkeit, das Gefühl, daß wir uns bemühen können, wie wir wollen, es aber dennoch im Leben zu nichts bringen werden. Dies sind die Ursachen dafür, daß wir uns auf eine unvollkommene Weise verhalten.

Es ist jedoch traurig, aber wahr, daß wir uns vorstellen oder davon ausgehen, der andere Mensch habe keine Wunden. Wir vergessen, daß das verzweifelte, verängstigte und traurige kleine Kind in uns selbst sein Ebenbild in dem Menschen hat, den wir lieben, einem Kind, das uns entspricht: Narbe für Narbe, Makel für Makel.

Daran zu denken, daß niemand vollkommen ist, hilft Ihnen, Ihren Geliebten oder Ihre Geliebte mit seinen oder ihren Unvollkommenheiten zu akzeptieren. Sie werden mehr Geduld haben, wenn Sie sich vor Augen führen, daß Sie nicht der einzige Mensch sind, der leidet. Auf einer tieferen Ebene wird Sie diese Denkweise dazu ermutigen, sich die Zeit zu nehmen, um sich beiderseitig mit Ihren Wunden auseinanderzusetzen, zu entdecken, wie Sie Ihren Partner hegen und pflegen, liebevoll umsorgen und auf ihn eingehen können.

Im besten Fall wird Ihnen der Gedanke daran, daß wir alle „eingerissene Ohren" haben, das Gefühl vermitteln, nicht allein zu sein. Zu wissen, daß die Person, die Sie lieben, gleichermaßen verletzt ist, heißt zu wissen, daß Sie nicht allein, sondern gemeinsam leiden.

Jeder hat seine eigene Last zu tragen

In einer Beziehung erwarten wir oftmals, daß unser Partner das tut, ist, gibt und annimmt, was wir möchten, ohne daran zu denken, daß er oder sie ein eigenes Leben lebt. Unglücklicherweise (und glücklicherweise) ist eine Beziehung keine Freikarte für die Befriedigung all unserer Bedürfnisse und Launen durch den anderen, seien diese nun emotionaler oder praktischer Art. Jeder hat seine eigene Last zu tragen: Sachzwänge, in die er eingebunden ist, von denen er geformt wird und die er mehr oder weniger erfolgreich zu meistern versucht. Auch der Mensch, den wir lieben, wird uns nicht immer zur Verfügung stehen oder in der Lage sein, uns genau zu dem Zeitpunkt und auf die Art und Weise zu lieben, wie wir es wollen.

Oft empfinden wir unsere eigene Last als so erdrückend – wenn wir zum Beispiel über Jahre hinweg an einen aussichtslosen Arbeitsplatz gefesselt sind, nur um unseren Kindern ein Studium zu ermöglichen, oder wenn wir eine alte Mutter mit der Alzheimerschen Krankheit pflegen müssen oder gleichzeitig einen akademischen Grad erwerben und voll berufstätig sind –, daß wir darüber vergessen, daß auch unser Partner eine Last zu tragen hat. Da das Leben uns so viele Schwierigkeiten bereiten kann, möchten wir erlöst werden und warten mit der Einstellung, daß Liebe uns *alles* geben sollte, darauf, daß der Mensch, den wir lieben, uns errettet. „Wenn er mich wirklich lieben würde, dann würde er uns für ewig aus unseren Schulden herausholen." „Wenn sie mich wirklich lieben würde, dann würde sie sooft mit mir ins Bett gehen, wie ich es will."

Wenn wir solche Hoffnungen hegen, weigern wir uns, eine der grundlegenden Tatsachen des Lebens anzuerkennen: daß das Leben nicht nur eitel Sonnenschein ist. Die Belastungen, mit denen wir zurechtkommen müssen, sind enorm. Aller Wahrscheinlichkeit nach versucht unser Partner ebenso wie wir, nach bestem Wissen und Gewissen mit allem fertig zu werden.

Wie wir alle, so leidet auch der Mensch, den wir lieben, unter all den armseligen kleinen Anfeindungen des Alltags: die streikende Batterie, das Büro voller Zigarettenrauch, der Rüffel vom Chef, der Soßenfleck auf dem neuen weißen Hemd. Sie hatte einen schlechten Arbeitstag, sein krebskranker Vater liegt im Sterben, und keiner von beiden hat noch genügend Energie, um nach Hause zu gehen und Essen zu kochen.

Unglücklicherweise ist es nur allzu leicht, die Last des anderen zu vergessen, wenn die eigene uns stark zu schaffen macht. Eine Freundin von mir hatte früher endlose Auseinandersetzungen mit ihrem Mann, weil er nie vor 20 Uhr zu Hause war. Schließlich sagte er zu ihr: „Glaubst du etwa, daß ich Abend für Abend so lange arbeiten will? Ich habe die Nase voll von meiner Arbeit! Aber da ich dich durchs Studium bringen und die Kinder ernähren muß, kann ich es mir nicht leisten, zu kündigen." Als sie einsah, daß er ebenso wie sie ein Opfer der Umstände war, hörte sie auf, an ihm herumzunörgeln, begann sich mehr in ihn hineinzufühlen und ihn zu ermutigen. Interessanterweise fand er bereits kurze Zeit später Mittel und Wege, früher zu Hause zu sein.

Wenn wir uns bewußt machen, daß jeder seine eigene Last zu tragen hat, sind wir eher dazu fähig, eine Brücke zum anderen zu schlagen. Wir können eine völlig andersgeartete Bindung zu unserem Partner aufbauen, wenn wir uns tief in unserem Herzen eingestehen, daß auch der andere unter dem Alltagsleben zu leiden hat, und danach handeln. Statt uns zu streiten, erkennen wir, daß wir zusammengehören und weder allein leben, allein lieben, allein arbeiten noch allein leiden.

Ihr Partner ist nicht so wie Sie

Diese Aussage mag banal klingen, denn es scheint so offensichtlich, daß Ihr Partner nicht so ist wie Sie. Dennoch besteht einer der größten Fehler, die wir in einer Beziehung machen können, darin, von uns auf unseren Partner zu schließen, das heißt davon auszugehen, daß die inneren Verletzungen, die Gewohnheiten, Vorlieben, Hoffnungen und Erwartungen unseres Partners die gleichen sind wie die unseren. Tatsächlich verlieben wir uns genau aus dem Grunde in einen Menschen, weil er anders ist als wir. Das macht seinen Zauber und seine magnetische Anziehungskraft aus. Wenn wir uns jedoch in einer Beziehung „zur Ruhe gesetzt" haben, neigen wir dazu, uns so zu verhalten, als ob unser Partner eine Erweiterung unserer selbst wäre oder sein sollte.

Dies geht auch aus der Art und Weise hervor, wie manche Ehepaare „wir" sagen: „Wir mögen keine Großstädte." „Wir mögen keinen Schwertfisch." „Wir... immer..." „Wir... nie..." Dieselbe Einstellung findet sich – unausgesprochen, aber dadurch nicht weniger gegenwärtig – ebenso in unseren stillschweigenden Annahmen wieder: „Da ich gerne Urlaub in den Bergen mache, solltest du das auch mögen." „Da ich immer bei Tagesanbruch aufstehe, solltest du das auch tun." „Da ich Kinder haben möchte, solltest auch du welche wollen." „Da ich meine Mutter liebe, wirst auch du es tun." „Da ich meine Zuneigung in Worten zum Ausdruck bringe, wirst auch du das tun." Zahllose Auseinandersetzungen rühren von der scheinbar harmlosen Annahme her: „Weil ich es tue, wirst (oder solltest) auch du es tun."

Das Resultat ist, daß die meisten Menschen das geben und tun, was sie gerne bekommen würden (und zwar so, wie sie es mögen), anstatt wirklich das zu tun, was ihr Partner sich wünscht. Dies wiederum führt zu vielen Streitigkeiten, weil die Bedürfnisse beider Partner nicht erfüllt werden; sie eskalieren, wenn derjenige, dessen Bedürfnisse nicht erfüllt werden, sich beschwert und die andere Person wütend wird, da das, was sie als ein wertvolles Geschenk betrachtet, zurückgewiesen wird.

Die Annahme, daß der andere Mensch ein Abbild unserer selbst ist, ist ein emotionales Überbleibsel aus unserer frühesten Kindheit, als wir tatsächlich das Zentrum des Universums waren. Damals drehte sich die Welt um uns – wenn wir um fünf Uhr morgens schreiend aufwachten, wachte auch der Rest der Familie auf. Als Erwachsener nehmen Sie Ihrem Partner jedoch jedesmal das Recht darauf, ein eigenständiges Wesen zu sein, wenn Sie ihn so behandeln, als wäre er wie Sie. Sie reduzieren ihn Ihrerseits auf die Ebene der Nichtexistenz. In der Tat bringen Sie folgendes zum Ausdruck: Nur mein Bewußtsein und meine Vorlieben zählen hier – was du denkst oder fühlst, ist irrelevant.

Das Gegenmittel für diese lähmende Situation ist recht simpel: Lernen Sie, Fragen zu stellen. Forschen Sie nach. Erkundigen Sie sich. Lassen Sie sich von Ihrer Neugierde leiten, und finden Sie heraus, was Ihr Partner von Ihnen will und braucht. Je genauer Sie wissen, wer Ihr Partner ist, desto weniger werden Sie diesen Fehler begehen, der Ihrem Partner seine Eigenständigkeit raubt.

Auf Dauer wird Ihnen der Gedanke daran, daß Ihr Partner nicht so ist wie Sie, das Glück bescheren, ein anderes Wesen in der Wahrhaftigkeit und Schönheit seiner Einzigartigkeit zu kennen. In Wirklichkeit dreht sich Liebe um genau das: die Unterschiede heilig zu halten.

Ihr Partner kann nicht hellsehen

Wenn ich für jede Situation eine Mark bekommen hätte, in der jemand zu mir sagte: „Aber warum muß ich darum bitten? Er (oder sie) sollte wissen, was ich fühle / möchte / denke", wäre ich reicher als König Midas und würde in einem Schloß aus purem Gold wohnen.

Liebe vermag viele wundersame Dinge zu vollbringen, doch sie verwandelt uns nicht in Hellseher. Wir müssen einander *sagen*, was wir wollen, und um das *bitten*, was wir brauchen. Und ich meine *sagen* und *bitten*. Wenn Sie sich zu Ihrem 30. Geburtstag nichts sehnlicher wünschen als den blauen Angora-Pullover, sollten Sie das *sagen*, sonst bekommen Sie am Ende vielleicht einen Satz Geschirrhandtücher. Wenn Sie möchten, daß Ihre Frau das schulterfreie schwarze Seidenkleid zur Weihnachtsfeier im Büro trägt, sollten Sie ihr das *sagen*, sonst erscheint sie womöglich in dem Blümchenkleid, das Sie einfach entsetzlich finden. Ihr Partner tut das nicht, weil er Sie nicht liebt, sondern, weil er nicht hellsehen kann.

Viele Menschen gehen davon aus, daß ein Geschenk, um das man gebeten hat, weniger wert ist. Doch in Wirklichkeit ist es etwas ganz Besonderes zu entdecken, daß der Mensch, den wir lieben, uns aus Liebe zugehört hat und sich die Mühe gemacht hat, uns das zu besorgen, was wir uns wirklich wünschen. Denn dies bedeutet, daß er so sehr darum bemüht ist, uns glücklich zu machen, daß er uns unseren Herzenswunsch erfüllt – ob es nun das neue Sofa im Wohnzimmer, ein bißchen Zeit füreinander, ein ausgefallenes Paar Ohrringe oder einfach nur eine Schulter zum Ausweinen ist.

Natürlich ist es ein wunderbarer Traum – diese Vorstellung, daß unser Partner uns alle Wünsche von den Augen ablesen kann. Es wäre großartig, wenn Ihr Partner immer genau wüßte, was Sie sich wünschen, und es auf magische Weise herbeizaubern könnte. Wenn Sie aufhören, davon zu träumen, daß Ihr Liebling „es einfach wissen wird", lassen Sie in Wirklichkeit jene kindliche Phantasie los, daß Ihre Eltern immer ganz genau wußten, was Sie wollten. Es mag uns traurig stimmen, daß Liebe Grenzen hat und daß wir uns selbst um das bemühen müssen, was wir wollen – aber es ist so.

Und wenn Sie damit aufhören, über den Verlust Ihres Traumes zu trauern, wird Sie der Gedanke daran, daß Ihr Partner nicht hellsehen kann, ermutigen, Ihre Bedürfnisse und Wünsche deutlicher und gewagter zu artikulieren. Dadurch erhöht sich die Wahrscheinlichkeit, daß Ihr Partner Ihre Bedürfnisse auch erfüllt. Und wenn Sie bekommen, was Sie brauchen, werden Sie mitfühlender, glücklicher und offener sein. Sie werden mehr Liebe empfinden und ausstrahlen, wodurch auch mehr Liebe zu Ihnen zurückfließen wird. Was hält Sie also davon ab zu bitten? Als Gedächtnisstütze sollten Sie sich einen Zettel mit folgenden Worten an den Kühlschrank heften: *Mein Liebling ist kein Hellseher!*

Unterstellungen gefährden
Ihr Liebesleben

Wenn Sie einem anderen Menschen etwas unterstellen, das heißt etwas äußern, was den Anschein erweckt, Sie wüßten, was er denkt, fühlt oder tut, dann verletzen Sie ihn und schaffen damit ein Hindernis für wirkliche Nähe. Bemerkungen wie „Du liebst mich nicht so sehr wie ich dich", „Du mußt dir um Geld keine Sorgen machen", „Arbeit geht dir viel leichter von der Hand", Du hörst mir nie zu", „Du hast heute wenig zu tun" wirken sich allesamt so auf die andere Person aus, daß sie sich verschließt. Mit derartigen Unterstellungen beschränken wir die Realität auf unsere Interpretation von ihr. Im Grunde bringen wir folgendes zum Ausdruck: „Ich weiß, wer du bist und was mit dir los ist, und deine Version der Angelegenheit interessiert mich nicht."

Unterstellungen können sich wie eine Vergewaltigung auf seelischer Ebene für den Menschen anfühlen, der von uns auf diese Weise wahrgenommen wird. Sie reduzieren die wahre Komplexität der Realität und verleugnen das Wesen des anderen. Viele von uns haben solche abwertenden Unterstellungen seitens der Eltern zu hören bekommen: „Du bist faul. Du wirst es im Leben nie zu etwas bringen." Daher sind wir sehr schnell verletzt, wenn jemand uns etwas unterstellt, das nicht wahr ist.

Neulich besuchte ich eine Freundin und war bei folgendem Gespräch zugegen:

Martha: „Ich weiß, daß du nur deshalb so spät von der Arbeit nach Hause gekommen bist, um mich auf die Folter zu spannen. Du bist immer noch wütend wegen gestern abend und willst es mir heimzahlen."

Fred: „Nun ja, eigentlich..."

Martha: „Hör doch auf. Du bist immer noch wütend. Gib's doch zu."

Daphne Rose Kingma

Fred: „Ich bin *nicht* wütend. Gerade eben gab es auf der Schnellstraße direkt vor mir einen Frontalzusammenstoß. Zwei Menschen kamen dabei ums Leben. Ich mußte in den nächsten Ort fahren, um die Polizei zu verständigen."

Fred war von dem Unfall ziemlich mitgenommen. Statt zu fragen, warum er so spät gekommen war, hatte Martha ihn mit einem Schwall negativer Unterstellungen empfangen. Darüber wurde Fred in der Tat ärgerlich, und die Situation verschlimmerte sich von da an zusehends.

Unterstellungen nehmen uns unsere Einzigartigkeit und unsere Freiheit des Ausdrucks. Da sie Menschen dazu bringen, sich zu verschließen und noch mehr von sich zu verbergen, schränken sie unsere Möglichkeiten ein. Wenn wir damit aufhören, anderen etwas zu unterstellen, kann eine wirkliche Unterhaltung zustande kommen, in der Liebende einander ihr wahres Selbst offenbaren und die wunderbaren Besonderheiten des anderen entdecken können.

Kommunikation
– das zwischenmenschliche Wunder

W orüber sich Menschen in ihren Beziehungen am häufigsten beschweren, ist der „Mangel an Kommunikation". Was sie damit eigentlich zum Ausdruck bringen, ist, daß sie nicht den Eindruck haben, daß der andere sie wirklich kennt – besonders auf die Art und Weise, die ihnen ein Gefühl von Nähe und wahrer Liebe schenkt. Der Grund dafür ist, daß die meisten Menschen nicht daran glauben, daß ein anderer sie kennen kann. Tief in unserem Herzen fürchten wir alle, allein im Universum zu sein und von niemandem wirklich verstanden zu werden. Obwohl es natürlich wahr ist, daß niemand uns *ganz* genau kennen kann, so mag man uns doch bis zu einem erstaunlichen Grad kennen – sofern wir bereit sind, uns zu zeigen.

Im Gegensatz zu unseren gängigen Vorstellungen besteht Kommunikation nicht nur daraus, zu sprechen, den eigenen Standpunkt deutlich zu machen oder sicherzustellen, daß wir uns Gehör verschafft haben. Kommunikation ist in weitaus größerem Maße, als wir es uns vorstellen, rezeptiv. Dies bedeutet zuzuhören, etwas anzunehmen, in uns aufzunehmen und zuzulassen, daß wir von den Worten, die gesprochen wurden, verändert werden. Wenn wir nicht zuhören, kann eine Unterhaltung ein sehr einseitiges Unterfangen sein, bei dem der Bogen der Kommunikation unvollendet bleibt. Wird jedoch gesprochen *und* zugehört, wird eine Unterhaltung zu einem Wechselspiel, bei dem sich bei beiden Partnern ein Gefühl von Gemeinsamkeit einstellt.

Wahre Kommunikation, nach der wir alle suchen, ist eine Verbindung zweier Seelen. Durch das, was wir einander erzählen, erfahren wir, wie der Mensch, den wir lieben, denkt, fühlt und sich in bestimmten Situationen wahrscheinlich verhalten wird. Wahre Kommunikation bedeutet eine Verknüpfung auf einer Ebene, wo die Einsamkeit innerhalb der individuellen Grenzen verschwimmt; wir spüren dann tief im Inneren, daß wir mit dem wahren Wesen des anderen in Berührung gekommen sind.

Diese tiefe Verbundenheit und zwischenmenschliche Erfüllung kommt nicht zwangsläufig zustande. Wir erreichen sie nur durch stetiges Üben in der Kunst der Kommunikation auf der intellektuellen, der sexuellen wie der emotionalen Ebene.

Wahre Kommunikation erfordert Mut. Wir müssen über das Belanglose hinaus zur tieferen Wahrheit unseres Seins und unserer Empfindungen gelangen und das Risiko auf uns nehmen wollen, uns dem anderen zu zeigen. Wahre Kommunikation ist auch rezeptiv. Sie zeigt an, daß wir genügend lieben, um uns beeinflussen zu lassen – daß wir uns von dem, was wir hören, bewegen, verändern, erweitern und transformieren lassen.

Da sie in ihrer Quintessenz die Fähigkeit hat, uns auf den tiefsten, unausgesprochensten Ebenen miteinander zu verbinden, ist wahre Kommunikation ein zwischenmenschliches Wunder. Durch wahre Kommunikation können wir in die Haut eines anderen schlüpfen, ihn als ein menschliches Wesen erkennen und als solches von ihm erkannt werden. Sie ermöglicht uns, die Fenster unserer eigenen Seele zu öffnen und das Licht einer anderen Seele hereinscheinen zu lassen.

Kommunikation ist eine Offenbarung, kein Kampf

Wir alle haben das dringende Bedürfnis, daß man uns zuhört, uns wahrnimmt und auf uns eingeht. Leider werden wir bei dem Versuch, dies zu erreichen, viel zu häufig enttäuscht. Der Grund dafür liegt darin, daß viele von uns nicht wirklich wissen, wie man kommuniziert. Die gewöhnliche Unterhaltung der meisten Menschen, das, womit sie die Zeit ausfüllen, in der sie zwischenmenschlich „auf Sendung sind", hat nicht unbedingt viel damit zu tun, daß irgend etwas Bedeutungsvolles gesagt oder daß jemand wirklich gehört wurde.

Wahre Kommunikation ist eine Offenbarung, kein Kampf. Statt einem bedeutungslosen, unbekümmerten oder egoistischen Wort-schwall ist sie ein Austausch von Gefühlen und Informationen, der beide Menschen für mehr Bewußtheit und Liebe öffnen kann. Wahre Kommunikation hat vier Bestandteile:

1. Die Botschaft: Worte, die ausgesprochen werden, um einen bestimmten Sinn zu übermitteln. Normalerweise fallen Botschaften in eine der folgenden fünf Kategorien: ein Gefühl, z.B.: „Ich bin enttäuscht, weil ich keine Gehaltserhöhung bekommen habe"; eine Information: „Die Veranstaltung beginnt um 13 Uhr"; eine Frage: „Können wir nach deiner arbeitsreichen Phase einen Urlaub einplanen?"; eine Bitte: „Bitte sag mir, daß ich die Prüfung bestehen werde"; oder eine Vorliebe: „Mir gefällt die einfache Tapete besser".

2. Zuhören: der empfängliche Zustand, in dem man sich bemüht, die Bedeutung dessen, was gesagt wird, zu verstehen. Sie versuchen wirklich aufzunehmen, was der andere sagt, statt das Gehörte nur mit einer beiläufigen Bemerkung abzutun.

3. Antworten: mit Worten das wiedergeben, das man gehört zu haben glaubt, und darlegen, welche Gefühle es in einem ausgelöst hat.

4. Bestätigen: zu erkennen geben, daß Sie die Antwort empfangen haben, und deutlich machen, welche Wirkung sie auf Sie hat.

Erst wenn alle vier Elemente vorhanden sind – Sprechen, Zuhören, Antworten und Bestätigen –, ist die Kommunikation vollständig. Beim Sprechen sagen wir, wer wir sind und was wir empfinden. Beim Zuhören nehmen wir die Bedeutung dessen auf, was gesagt wurde, und bekommen ein Gefühl dafür, wer der andere ist. Mit unserer Antwort geben wir zu erkennen, daß wir die Botschaft empfangen haben und uns Gedanken machen. Wenn wir die Antwort bestätigen, zeigen wir, daß wir für das Interesse des anderen dankbar sind.

Wahre Kommunikation strebt danach, mehr zu erkennen und mehr zu erkennen zu geben, statt nur den Status quo aufrechtzuerhalten. Sie sucht nach einer Offenbarung, nach dem, was dazugelernt werden kann, und reagiert mit einer echten Antwort, um noch mehr Verborgenes an die Oberfläche dringen zu lassen. Wahre Kommunikation entspringt einem Mitgefühl, einer Energie des Herzens, die uns ermöglicht, nach der Wahrheit zu suchen – unabhängig davon, ob wir sprechen oder zuhören –, und sie vertieft den Grad der Intimität, indem sie Menschen dazu bringt, mehr von sich zu zeigen.

Auch Beziehungen haben
ihre Jahreszeiten

Liebe ist nicht nur der überschwengliche Rausch einer neuen Leidenschaft. Sie ist auch ein wachsendes Verständnis – ein Verständnis, das sich durch Phasen des Leidens (die Prüfungen für uns sind) und durch Herausforderungen entwickelt. Beziehungen nehmen ihren Anfang mit der frühlingshaften Energie einer frischen Liebe und einer lustvollen Leidenschaft und gehen mit dem Lauf der Zeit durch eine Reihe von Jahreszeiten. Im Verlauf der Beziehung verbringt man mehr (oder weniger) Zeit miteinander, geht durch Phasen, in denen man das Gefühl hat, daß man sich nichts zu sagen hat, und erlebt Zeiten, in denen man sich nicht mehr vorstellen kann, ohne den anderen zu leben.

Andere Menschen und äußere Umstände zerren an unseren Partnern: der Beruf, angeheiratete Verwandte, Kinder, finanzielle Sorgen, Gesundheitsprobleme, Trennungen und Todesfälle. Veränderungen können sich verheerend auf Beziehungen auswirken, da sie deren Stabilität untergraben. Eine neue Karriere, ein alles auf den Kopf stellendes Projekt oder ein Umzug in eine fremde Stadt können Krisen auslösen und Unannehmlichkeiten mit sich bringen, für die wir nur allzu leicht unserem Partner die Schuld geben. Sogar unsere eigenen Ängste und unser Unvermögen können uns dazu veranlassen, an unserem Partner zu zweifeln und von Zeit zu Zeit unbewußt zu versuchen, die Beziehung abzubrechen.

Viele Paare gehen durch schwierige Zeiten – Zeiten, in denen sie sich zu fragen beginnen, ob sie jemals wieder die zarten, aufregenden und hingebungsvollen Gefühle füreinander empfinden werden, die sie zusammengeführt haben. Manchmal scheinen diese Krisenzeiten unerträglich zu sein, und doch zeigen sie in Wirklichkeit, daß die Beziehung eine emotionale Transformation erfährt. Sie macht einen „Häutungsprozeß" durch. Die gewohnte

Art des Zusammenseins muß einer kritischen Prüfung unterzogen werden, damit sowohl die Partner als auch die Beziehung selbst auf eine höhere Seinsebene gelangen können.

Wenn wir eine solche Phase durchmachen, in der wir uns zersplittert oder desillusioniert fühlen, dürfen wir nicht vergessen, daß Beziehungen – wie alles andere in der Natur auch – einem Zyklus von Jahreszeiten unterworfen sind. Und so wird der Frühling der neuen Liebe zum Sommer der Tiefe und Leidenschaft reifen. Die Herbstabende am offenen Kamin mit ihrer stillen Kameradschaft können einem Winter weichen, in dem Sie der Kälte und Entfremdung begegnen.

Wenn Ihnen bewußt ist, daß Beziehungen Jahreszeiten unterworfen sind, werden Sie nicht erwarten, daß Ihre Beziehung stets gleich bleibt. Statt dessen werden Sie Veränderungen begrüßen und nach den Ressourcen in sich forschen, mit denen Sie ihnen gewachsen sind.

Seien Sie daher mutig in bezug auf Ihre Liebe. Betrachten Sie die schwierigen Zeiten als eine Einladung, sich zu verändern. Bleiben Sie in harten Zeiten standfest, und machen Sie sich bewußt, daß die Dinge, die Sie am Anfang zum anderen hingezogen haben, noch immer existieren und daß Sie sich an ihnen wieder aufrichten können. Und Sie sollten auch bedenken, daß die schönen Zeiten – die durch Ihre gemeinsame Geschichte und das Leiden, das Sie miteinander geteilt haben, noch intensiver sein werden – wie Jahreszeiten mit Sicherheit wiederkehren werden, um Ihre Liebe erneut zu segnen und zu entfachen.

Die Gesten der Liebe

Nähren Sie Ihr liebendes Selbst

Lieben Sie sich selbst

Viel zu viele Menschen sehen die Liebe als das Wunder an, das sie endlich zu vollständigen Wesen machen wird. Darin enthalten ist die Idee, daß „Liebe alles in Ordnung bringt", was gleichzeitig besagt, daß wir so, wie wir jetzt sind, nicht in Ordnung sind. Könnten wir allerdings jemanden finden, der uns liebt, würde uns das beweisen, daß doch alles mit uns stimmt.

Ironischerweise müssen wir uns jedoch erst selbst lieben, bevor wir wirklich geliebt werden können. In einer Liebesbeziehung bekommen wir nämlich nicht unbedingt das, was wir verdient haben, sondern das, wovon wir *glauben,* es verdient zu haben. Genau wie Harry Hausbesitzer, der sein Haus, das zwei Millionen Mark wert ist, für eine Million verkauft, weil er meint, es sei nicht mehr wert. Auf die gleiche Art und Weise wird derjenige, der seinen eigenen Wert unterschätzt, auch in der Liebe immer zu kurz kommen.

Liebe erschafft Gegenliebe. Wenn Sie schlecht von sich selbst denken, können Sie nicht positiv von einem Menschen berührt werden, der Sie wegen all jener Besonderheiten in den Himmel heben möchte, von denen Sie nicht glauben, sie zu besitzen. Wenn Sie das, was an Ihnen wichtig, besonders, wertvoll und schön ist, nicht kennen und lieben, können Sie sicher sein, daß Sie von einem Menschen, der eben diese Dinge kennt und liebt, weder mit Serenaden und Rosen verehrt noch mit Lob überhäuft, auf Händen getragen oder tagtäglich mit Küssen überhäuft werden.

Sich selbst zu lieben bedeutet, sich selbst zu kennen, sich über sich selbst zu freuen, sich wertzuschätzen und zu begreifen, daß Selbsterkenntnis ein persönliches Unternehmen auf Lebenszeit ist. Es bedeutet, sich selbst zumindest ebenso zu schätzen wie den eigenen Partner und zu wissen, daß er oder sie genausoviel Glück in der Liebe hat, wie Sie es zu haben meinen. Sich selbst zu lieben heißt, daß Sie Ihre Stärken und Schwächen realistisch und ehrlich einschätzen, ohne sich abzuwerten oder eingebildet zu sein. Es bedeutet, sowohl die eigenen Gaben und Talente zu erkennen und sie vorteilhaft einzusetzen, als auch die eigenen Makel zuzugeben und sie sich selbst zu verzeihen. Sich selbst zu lieben beinhaltet, zu jedem Zeitpunkt wachsen zu wollen und bemüht zu sein, das Beste aus sich zu machen.

Wie oft lassen wir es zu, daß man uns in Beziehungen schlecht behandelt, weil wir nicht glauben, etwas Besseres verdient zu haben! Die Liebe zu uns selbst ist jedoch stets das Vorbild für die Liebe, die wir realistischerweise zu erwarten haben, der tatsächliche Maßstab der Liebe, die wir geben und empfangen werden. Ihr Herz kann soviel Liebe aufnehmen, wie Sie glauben. Gehen Sie daher besser mit sich um, vertrauen Sie darauf, daß Sie es verdient haben, besser behandelt zu werden – Sie werden sehen, wie liebevoll man Ihnen in Ihren Beziehungen begegnen wird.

Sprechen Sie über Ihre Gefühle

Unsere Gefühle sind mit einem Fluß vergleichbar. In einem fortwährenden Strom bewegen sie sich durch unser Bewußtsein. Sie reichen von Angst, Trauer, Scham und Ärger bis hin zu Freude, Überschwang und Verspieltheit. Wir können uns zu jedem Zeitpunkt nach innen wenden und herausfinden, wie wir uns gerade fühlen. Wenn wir sagen, was wir fühlen, verleihen wir unseren stets wechselnden Gefühlen einen hörbaren sprachlichen Ausdruck, und entdecken und artikulieren die Emotionen, die als ständiger Fluß unserem Leben zugrunde liegen.

Eine Möglichkeit, uns selbst fortwährend für unseren Partner liebenswert zu machen und ihn in Erstaunen zu versetzen, besteht darin, ihm oder ihr diese emotionalen Strömungen zu offenbaren. Wir glauben oft, daß Intimität einfach dadurch entsteht, daß wir uns verlieben, oder durch die Dinge hervorgerufen wird, die wir gemeinsam tun, planen, kaufen oder zielstrebig verfolgen. Doch in Wahrheit fühlen wir uns dann verbunden, wenn wir einen Einblick in die komplexe emotionale Struktur des anderen bekommen haben. Tatsächlich besteht der Kern einer intimen Beziehung aus dem hochgradigen Austausch von Gefühlen.

In Wirklichkeit ist es die Offenbarung von Gefühlen, die die Nähe zwischen Menschen vertieft. Denn unsere Gefühle sind es – die Möglichkeit, Freude zu empfinden oder enttäuscht zu werden, traurig und ängstlich zu sein, etwas zu wollen oder den Verlust von etwas zu erleiden –, die uns in den gemeinsamen Strom der Menschen eintauchen lassen und uns miteinander auf tiefster Ebene verbinden können. Aus diesem Grunde kann Ihr Partner sich selbst durch Sie entdecken, wenn Sie ihm oder ihr sagen, was Sie fühlen.

Es ist paradox – und traurig –, daß wir ausgerechnet dann, wenn wir jemanden lieben, dazu neigen, unsere Gefühle für uns zu behalten und uns im Gespräch eher auf den Austausch von Informationen zu beschränken. Vielleicht verhalten wir uns deshalb so, weil wir nicht auf die Idee kommen, daß sich der andere dafür interessiert, warum wir uns traurig, glücklich, ängstlich oder ärgerlich fühlen. So vermag Nähe Nicht-Wissen hervorzubringen.

Doch – ob Sie es nun glauben oder nicht – Ihr Partner *möchte* das gesamte Kaleidoskop Ihrer inneren Empfindungen kennenlernen, er möchte diese Erfahrung machen. Denn eben diese Gefühle machen Sie liebenswert.

Wenn es schwierig für Sie ist, über Ihre Gefühle zu sprechen, so müssen Sie wissen, daß es allemal von Wert ist, in die seltsam ungewohnten Gewässer hinabzutauchen und die Schätze in Ihren Tiefen zu entdecken. Nicht nur Ihr Partner wird sich darüber freuen, auf diese Weise mit Ihnen verbunden zu sein. Die Erfahrung, Ihre eigenen Gefühle entdecken und identifizieren zu lernen, wird auch Ihnen selbst einen umfassenderen Eindruck davon vermitteln, wie reich Ihr Innenleben ist. Lassen Sie daher den Menschen, den Sie lieben, in den verborgenen Strom Ihrer Gefühle eintauchen, damit er Sie wertschätzen und noch mehr lieben kann, indem Sie von jetzt an immer und genau das sagen, was Sie im Herzen fühlen und was Sie denken.

Artikulieren Sie Ihre Bedürfnisse

Bedürfnisse zu artikulieren bedeutet zu sagen, daß etwas nicht in Ordnung ist und daß Sie möchten, daß jemand sich darum kümmert oder auf Sie eingeht. „Könntest du bitte das Fenster schließen? Mir ist kalt." „Halte mich jetzt bitte ganz fest. Ich habe Angst." „Würdest du meinen Rücken massieren? Meine Schulter tut weh." „Könntest du das Fußballspiel nicht ausfallen lassen und mit mir ins Kino gehen? Ich bin schon den ganzen Tag allein zu Hause, und mir fällt das Dach auf den Kopf."

Eigene Bedürfnisse zu artikulieren ist eine so einfache und doch so schwierige Angelegenheit, daß die meisten von uns es selten – wenn überhaupt – tun. Tatsächlich ist es so schwer (oder leicht), daß man lieber so gut wie alles andere ausprobieren würde, als schlicht und geradeheraus um genau das zu bitten, was man braucht. Wir würden lieber davon ausgehen, daß unser Partner es einfach wissen wird, ohne daß wir es ihm sagen, oder hoffen, daß er es mit der Zeit (durch Osmose?) herausfinden wird. Nur allzu oft sind wir eher dazu bereit, unsere Wünsche aufzugeben, als tatsächlich um das zu bitten, was wir brauchen.

Wir fragen nicht gerne, da wir das Fragen selbst als Ausdruck von Bedürftigkeit betrachten – was es im eigentlichen Sinne ja auch ist. Um etwas zu bitten bedeutet, daß wir uns verwundbar machen und hoffen, daß der andere genug Fürsorglichkeit für uns empfindet, um uns in unserem bemitleidenswerten, unvollkommenen und unzulänglichen Zustand zu helfen.

Unglücklicherweise können wir, wenn wir verliebt sind, auf den seltsamen Gedanken kommen, wir müßten perfekt und unverletzbar sein. Wir scheinen zu glauben, daß eine der Voraussetzungen für Liebe die ist, daß wir absolut nichts brauchen – ansonsten könnte man uns nicht lieben. In Wirklichkeit hilft uns die Liebe in den Bereichen, in denen wir verletzbar sind. Das

Geschenk der Liebe ist, daß sie Dinge für uns tun kann, zu denen wir selbst nicht in der Lage sind.

Wenn Sie Ihre Bedürfnisse artikulieren, enthüllt dies die wahre Zerbrechlichkeit des menschlichen Daseins und lädt den Menschen, der Sie liebt, dazu ein, sein eigenes Wesen zu erweitern. Wenn auf eine Bitte eingegangen wird, so verspürt nicht nur die bedürftige Person das angenehme Gefühl, das von einem erfüllten Bedürfnis herrührt, sondern der Gebende bekommt darüber hinaus den Eindruck, etwas Effektives getan und ein wertvolles Geschenk gemacht zu haben. Deshalb sind Sie beide eindringlich dazu aufgefordert, mit Ihrer Liebe und Ihrer Menschlichkeit über Ihre augenblicklichen Grenzen hinauszuwachsen.

Doch einfach nur aus dem Grunde, weil Sie um etwas gebeten haben, werden Sie es nicht unbedingt auch bekommen. Bedürfnisse zu artikulieren ist an sich noch keine Garantie für entsprechende Resultate. Vielleicht bitten Sie Ihren Liebsten oder Ihre Liebste darum, Ihnen einen Jaguar zu kaufen, doch heißt das nicht, daß er oder sie auch über das nötige Kapital verfügt, um Ihnen einen zu beschaffen. Wenn Sie gerade erst lernen, Ihre Bedürfnisse zu artikulieren, kann es entmutigend sein, sie nicht erfüllt zu bekommen. Denken Sie einfach daran, daß das Bitten um etwas es sehr viel wahrscheinlicher macht, daß Sie es auch bekommen. Je häufiger Sie um etwas bitten, um so eher werden Ihre Bedürfnisse erfüllt werden.

Seien Sie mutig mit Ihren Gefühlen

Viel zu viele Menschen sind auf der emotionalen Ebene zu ängstlich und fürchten sich davor, das auszusprechen, was sie empfinden. Diese Menschen haben Angst davor, daß man sich über das, was sie verbergen, lustig machen wird, daß es ignoriert oder ins Lächerliche gezogen werden könnte. Daher sind sie einfach still und nehmen das Risiko, ihren inneren Empfindungen Ausdruck zu verleihen, nicht in Kauf. Oftmals verteidigen sie ihre verschlossene Haltung sogar, indem sie sagen, es sei sowieso nicht gut, über Gefühle zu sprechen. Emotionen, die nicht zum Ausdruck kommen, die unterdrückt oder auf unterschiedlichste Weise betäubt werden, fordern jedoch immer ihren psychischen, emotionalen und spirituellen Tribut von uns.

Diese emotionale Ängstlichkeit hat eine lange und traurige Geschichte. Sie nahm ihren Anfang, als man uns in unserer Kindheit nicht zuhörte, als man uns sagte, daß das, was wir zu sagen hatten, nicht wichtig sei, oder als wir den Eindruck bekamen, mit unserem persönlichen Schmerz ganz allein dazustehen. Das machte uns Angst, und die Angst lehrte uns, unsere Gefühle und Gedanken für uns zu behalten.

In seinen Gefühlen mutig zu sein bedeutet, jetzt den Mut aufzubringen – trotz möglicher negativer Reaktionen –, das zu sagen, womit man sich vielleicht dem anderen ausliefert, und dabei auf ein glückliches Resultat zu vertrauen. Die Wahrscheinlichkeit dafür ist groß, denn häufig bringt es Partner einander näher, wenn sie ihre Verletzlichkeit offen zeigen.

Rita hatte zum Beispiel Angst davor, Robert zu sagen, daß sie als Kind sexuell mißbraucht worden war. Sie befürchtete, daß er sie anschließend als befleckt ansehen, sich vor ihr ekeln und sie abweisen würde. Statt dessen war er aber sehr mitfühlend, als sie endlich den Mut faßte, es ihm zu sagen. Er hielt sie ganz zärtlich im Arm und sagte ihr, wie leid es ihm tat, während sie sich heilsam in seinen Armen ausweinen konnte.

Wir haben nicht nur Angst davor, unsere großen Geheimnisse zu verraten. Viele von uns fühlen sich bereits unwohl dabei, etwas zu sagen, was im geringsten als Konfrontation ausgelegt werden könnte: „Ich möchte nicht in das indische Restaurant gehen. Ich möchte lieber im chinesischen zu Abend essen." „Ich bin ärgerlich, weil du mich letzte Nacht nicht geliebt hast." „Ich habe am Donnerstag Geburtstag und hoffe, daß du daran denkst, denn ich wäre sehr enttäuscht, wenn du es vergessen würdest." Natürlich wird Ihr Partner genau durch die Dinge, die Sie am liebsten zurückhalten würden, am meisten darüber erfahren, wer Sie wirklich sind.

So sind Sie mutig mit Ihren Gefühlen: Wann immer Sie ein leichtes Unwohlsein verspüren, wenn Sie etwas, das Sie auf dem Herzen haben, nicht sagen, sollten Sie sich fragen: *Was sage ich nicht?* Normalerweise werden Ihnen die Worte sofort in den Sinn kommen – wie in einer Comic-Sprechblase. Fragen Sie sich dann: *Warum sage ich das* jetzt *nicht einfach?* Vielleicht gibt es einen guten Grund dafür: Er ist gerade arbeitslos geworden, die Kinder weinen beide, Sie sind eben dabei, aus dem Haus zu gehen, um an einer geschäftlichen Besprechung teilzunehmen, oder Ihre Schwiegermutter ist am Telefon. In solchen Fällen sollten Sie sich Ihre Bemerkungen lieber für einen späteren Zeitpunkt aufheben. Wenn es jedoch keinen guten, offensichtlichen Grund dafür gibt, es *jetzt* nicht zu sagen, sollten Sie einfach den Mund aufmachen und das ausspucken, was unbedingt raus will. Sie werden sich anschließend wohler fühlen, und auch Ihre Beziehung wird sich dadurch verbessern, da sie mehr Wahrheit in sich trägt – Ihre Wahrheit und die Ihres Partners.

Sagen Sie Ihrem Partner,
wodurch Sie sich geliebt fühlen

Kirsten verliebte sich in Thomas, weil er zu ihrer ersten Verabredung in einem rot-schwarz karierten Flanellhemd erschien und zwei Dosen Bier, eine Packung Kräcker und eine Kante Limburger Käse in der Hand hielt. „Es war einfach großartig", sagte sie. „Er nahm mich ernst, als ich sagte, daß ich Limburger Käse mag."

Ihre beste Freundin Sybille beeindruckte das überhaupt nicht. „Wenn jemand mir mit Limburger Käse den Hof machen würde, wäre ich zwar nicht beleidigt, aber auch nicht sonderlich angetan", sagte sie. „Mir wäre ein Strauß rosafarbener Nelken viel lieber."

Wie das Beispiel von Kirsten und Sybille zeigt, haben Gesten der Liebe eine geringere Wirkung auf uns, wenn sie nicht so dargebracht werden, wie wir es uns wünschen – gleich, wieviel Mühe sich derjenige, der uns liebt, auch geben mag. Und viel zu viele von uns sitzen herum und warten darauf – oder was noch schlimmer ist, wir *er*warten –, daß unsere Partner automatisch wissen, was genau uns das Gefühl vermittelt, geliebt zu werden, und darüber hinaus auch wann, wo, wie und auf welche Art uns diese Liebesbezeugung entgegengebracht werden sollte.

Die Botschaft, die ich an dieser Stelle übermitteln möchte, nenne ich „Limburger-Käse-Theorie". Damit ist folgendes gemeint: Wenn Limburger Käse Ihnen das Gefühl gibt, geliebt zu werden, dann sollten Sie Ihrem Partner lieber sagen, daß er Ihnen Limburger Käse mitbringen soll. Die Theorie besagt ganz einfach, daß jeder Mensch ihm eigene, gewöhnliche (oder außergewöhnliche) Vorlieben hat und daß niemand Ihnen das Gefühl vermitteln kann, Sie zu lieben, wenn Sie ihm nicht sagen, was genau Ihre Vorlieben sind.

Ob es uns bewußt ist oder nicht – wir alle haben eine geheime Liste von Dingen, die uns das Gefühl geben, geliebt zu werden:

daß er Ihr Photo in seinem Geldbeutel mit sich trägt, daß sie Ihren Hinterkopf krault, daß er für Sie kocht, daß sie das blaue T-Shirt, das Sie so gerne mögen, zum Sport anzieht. Welche Dinge geben Ihnen dieses Gefühl? Denken Sie darüber nach, schreiben Sie es sich auf, und sprechen Sie mit Ihrem Partner über Ihre Vorlieben.

Natürlich werden Sie nie exakt, vollkommen, immer und ganz genau auf die Art und Weise geliebt, wie Sie es sich wünschen. Geben Sie Ihrem Partner jedoch eine Chance, Ihnen so intensiv wie möglich das Gefühl zu vermitteln, daß er oder sie Sie liebt, indem Sie ihm oder ihr die Punkte zeigen, die auf Ihrer Liste stehen.

Obwohl mir häufig erklärt wird: „Wenn ich es meinem Partner selbst sagen muß, dann zählt es nicht", ist es in Wirklichkeit doch so: Niemand kann die Vielzahl von Kleinigkeiten erraten, die Sie auf Ihrer Liste stehen haben. Liebeslisten sind oftmals so unterschiedlich wie unsere Nasen. Hoffen Sie darauf, daß der andere herausfindet, was Ihnen ein Gefühl des Geliebtwerdens vermittelt, so könnten Sie Ihr ganzes Leben damit verbringen zu warten, ohne je das zu bekommen, was Sie möchten. Wenn Sie die Dinge bekommen, die auf Ihrer Liste stehen, haben Sie *wirklich* das Gefühl, daß Ihr Partner Sie liebt, auch wenn Sie die Liste an die Wand im Badezimmer nageln oder sie in einer Zeitschrift veröffentlichen müssen.

Geben Sie daher Ihrem Partner die Chance, Sie wirklich zu lieben. Stellen Sie eine Liste der Dinge zusammen, die Ihr Herz höher schlagen lassen.

Enthüllen Sie Ihr geheimes Liebesszenarium

Jeder von uns hat ein ganz persönliches „Liebesszenarium", eine Vorstellung davon, was uns wirklich das Gefühl des Geliebtwerdens vermitteln würde. Diese Vorstellung ist die Erfüllung unserer geheimsten Sehnsüchte und beinhaltet all die Dinge, von denen wir zwar glauben, daß sie sowieso nie passieren werden, die wir uns aber dennoch von ganzem Herzen wünschen. Was auch immer die magischen Komponenten dieses Szenariums sein mögen, oft ist es so geheim, daß es uns noch nicht einmal selbst völlig bewußt ist.

Diese geheime Phantasie zu enthüllen heißt, sich selbst und Ihren Partner genau wissen zu lassen, was es ist oder welche Dinge es sind, die Ihnen das Gefühl geben, geliebt zu werden und etwas Besonderes zu sein, ob das nun Gegenstände sind (zum Beispiel Golfschläger mit Monogramm), eine bestimmte Verhaltensweise (uns gegenüber endlos Worte der Bewunderung zu äußern), eine Atmosphäre (eine besondere Musik) oder ein sinnliches Verlangen (die genaue Art und Weise, auf die Sie gerne körperlich lieben oder geliebt werden möchten).

Vielleicht träumen Sie auch von einem speziellen Ereignis oder wünschen sich einen bestimmten Lebensstil, ganz besondere Umstände oder ein emotionales Erlebnis: „Ich hätte wirklich das Gefühl, geliebt zu werden, wenn die Frau meines Lebens die ganze Nacht mit ihrem Kopf auf meiner Brust schlafen würde. Jede Nacht." „Ich wünsche mir an meinem Geburtstag eine Gartenparty – mit weißen Kleidern, Lampions in den Bäumen und einer Musikgruppe im Hintergrund, die Stücke von Count Basie spielt." „Ich habe mir immer eine Frau gewünscht, die in den Zuschauerrängen sitzt, während ich Polo spiele." „Ich wollte schon immer mit jemandem, den ich liebe, nach Paris fahren."

Was Ihre besonderen Wünsche auch sein mögen – Ihr Partner muß sie kennen. Unsere Träume können uns zwar nicht immer sofort erfüllt werden, doch sinkt die Wahrscheinlichkeit ihrer Erfüllung auf Null, wenn wir sie nicht zum Ausdruck bringen.

Der erste Schritt, sie zu verwirklichen, besteht darin, zunächst einmal selbst herauszufinden, wie Ihr geheimes Liebesszenarium aussieht, und dann das Risiko auf sich zu nehmen, es Ihrem Partner in all seinen köstlichen, extravaganten Einzelheiten zu schildern. Denn wenn Sie Ihren Liebling in Ihren Herzenswunsch eingeweiht haben, kann er oder sie damit beginnen, ihn zu erfüllen. Vielleicht kann Ihre Partnerin nicht die ganze Nacht mit ihrem Kopf auf Ihrer Brust schlafen, doch sie kann es zumindest jeden Abend einige Minuten lang tun. Vielleicht kann sich Ihr Partner all die Rosen im Augenblick nicht leisten, doch er kann Ihnen das erste Dutzend gleich schenken und Ihnen den Rest bringen, wenn sein Kontostand es ihm erlaubt.

Machen Sie daher aus Ihrem Liebesszenarium kein Geheimnis. Enthüllen Sie jede Einzelheit. Geben Sie Ihrem Partner eine Chance, Sie genau auf die Art und Weise zu lieben, wie Sie es gerne hätten. Riskieren Sie es, sich ganz und gar, bis zum Dahinschmelzen, glücklich zu fühlen!

Seien Sie nachsichtig mit sich selbst

W ir alle kennen die genüßlich-morbide Versuchung, uns für so gut wie alles, was in unserer Beziehung – oder überhaupt in unserem Leben – falsch läuft, fertigzumachen.

Ob Sie sich streiten oder die Konfrontation scheuen, ob Sie einen Orgasmus haben oder nicht, ob Sie zu lange brauchen, um sich zu entscheiden, oder Ihre Entscheidungen zu impulsiv treffen, ob Sie Geld verschwenden oder ein Geizkragen sind, ob Sie eher ein Ordnungsfanatiker oder schlampig sind – was auch immer Ihre Gewohnheiten, Vorlieben, Verhaltensweisen oder Erwartungen sein mögen, Sie könnten möglicherweise entdecken, daß Sie dazu neigen, sich für alles, was in Ihrer Beziehung schiefläuft, die Schuld zu geben.

Roland machte sich jahrelang Selbstvorwürfe, weil er über jede wirklich wichtige Entscheidung, die er und Hannelore treffen mußten, wochenlang nachgrübelte. Er analysierte die Angelegenheit, schlief darüber, hielt mit seinen – wie er sie nannte – inneren „Geheimagenten" Rücksprache und kam dann, nachdem Hannelore längst ihre eigene Entscheidung getroffen hatte und bereits ziemlich ungeduldig war, endlich zu einem Entschluß.

Hannelore bezeichnete dieses Verhalten von Roland als „Schmoren". Einmal hatten sie dadurch die Gelegenheit verpaßt, das zu erwerben, was sie beide als ihr Traumhaus ansahen. Roland war so damit beschäftigt gewesen, alle möglichen Vergleiche anzustellen und Finanzierungen zu überprüfen, daß ihnen nach drei Wochen das Haus von einem anderen weggeschnappt wurde. Obwohl Hannelore enttäuscht war, beruhigte sie sich doch relativ schnell. „So etwas passiert jedem einmal", sagte sie. „Mach dir keine Sorgen, wir werden ein anderes Traumhaus finden."

Daphne Rose Kingma

Doch noch lange nach ihrem Umzug in ein anderes prächtiges Haus machte sich Roland innerlich wegen jenes Hauses fertig, das sie aufgrund seiner Unentschlossenheit nicht bekommen hatten. „Ich hätte auf Hannelore hören sollen. Ich sollte nicht immer darum bemüht sein, perfekte Entscheidungen zu treffen. Was bin ich nur für ein komischer Kauz! Warum kann ich mich einfach nicht entscheiden?"

In Wirklichkeit geben wir alle ständig unser Bestes – unabhängig davon, auf welche Art und Weise wir die Dinge tun, ob wir sie überstürzt tun, nicht rechtzeitig schaffen oder nicht in der Lage sind, sie richtig zu tun. Sich innerlich fertigzumachen, sich Vorwürfe zu machen oder sich endlos auf die eigenen Fehler zu konzentrieren – wie man hätte sein können oder sollen, es hätte tun oder nicht tun sollen –, trägt keineswegs zu einer Verbesserung der Situation bei.

Seien Sie nachsichtig mit sich selbst. Amüsieren Sie sich über Ihre seltsamen kleinen Absonderlichkeiten. Sagen Sie sich, daß es in Ordnung ist, einfach so zu sein, wie Sie sind. Wie das jiddische Sprichwort sagt: „Wenn ich so wäre wie er, wer wäre dann wie ich?"

Nachsichtig mit sich selbst zu sein heißt, sich so zu akzeptieren, wie man ist, sich die eigenen Fehler zu verzeihen und zum nächsten Punkt überzugehen, wobei man sich liebevoll die eigenen Schwächen und den sonderbaren Umgang mit manchen Dingen eingesteht. Nur wenn Sie geduldig mit sich selbst sind, können Sie auch gutmütig und nachsichtig mit dem Menschen umgehen, den Sie lieben. Gönnen Sie sich daher eine Pause, und entscheiden Sie sich dafür, daß Sie ein wunderbares Wesen sind – und zwar so, wie Sie sind!

Sorgen Sie liebevoll für Ihren Partner

Heben Sie
das Außergewöhnliche hervor

W ir alle verlieben uns aus einem ganz bestimmten Grund. Es gibt etwas so Einzigartiges und Seltenes an dem Menschen, den Sie lieben, daß Sie immer wieder an diese unbeschreibliche Qualität denken müssen. Was die Fehler und Makel dieses Menschen auch sein mögen – eben dieser Vorzug war entscheidend dafür, daß Sie sich überhaupt in ihn verliebt haben.

Diese besondere Qualität Ihres Partners zur Kenntnis zu nehmen, ihm gegenüber Bemerkungen darüber zu machen und mit Ihren Freunden und Kindern über sie zu sprechen, wird Ihnen helfen, Ihre Gefühle frisch und lebendig zu halten. Wir alle hören gern, wie wunderbar wir sind: „Du bist so gut organisiert. Ich würde es mit meiner Aktentasche noch nicht einmal bis ins Büro schaffen, wenn es dich nicht gäbe." „Du bist immer so gelassen. Ohne deine Ausgeglichenheit wäre ich schon längst im Irrenhaus gelandet." „Du weißt immer ganz genau, was du sagen mußt, damit ich mich besser fühle."

Komplimente sind Balsam für die Seele. Sie heben das Selbstwertgefühl und erschaffen auf einer sehr subtilen Ebene einen Menschen im vollen Spektrum seines Wesens. Komplimente laden denjenigen, dem sie gemacht werden, dazu ein, sich selbst in einem neuen Licht zu sehen. So wie viele Schichten Perlmutt über einem Sandkorn mit der Zeit eine Perle ergeben, sammeln sich Komplimente rund um uns herum an und bewirken, daß wir uns in unserer ganzen Schönheit entwickeln.

Dadurch, daß Sie das Außergewöhnliche an Ihrem Partner hervorheben, werden Sie sich nicht nur seines Wertes, sondern auch Ihrer eigenen Einzigartigkeit bewußt. Wenn Sie über die Einzigartigkeit Ihres Partners nachdenken, lassen Sie sich gleichzeitig von Ihren eigenen edlen Qualitäten beseelen, denn in der Außergewöhnlichkeit Ihres Partners spiegeln Sie sich selbst. Sie würden nicht in den Armen dieses unglaublichen Menschen liegen, wenn nicht auch etwas ganz Besonderes an Ihnen wäre. Wenn Sie die Schönheit Ihrer Frau bewundern, sollte Sie das gleichzeitig daran erinnern, daß Sie ihrer wert sind. Wenn Sie die Einfühlsamkeit Ihres Mannes genießen, sollte Ihnen das im selben Moment bewußt machen, daß Sie die Art von Mensch sind, in dessen Gegenwart dieser feinfühlige emotionale Umgang miteinander gedeihen kann.

Auf diese Art und Weise bestärken wir nicht nur die Tatsache, daß wir einen wunderbaren Partner haben, sondern auch, daß wir es wert sind, von ihm geliebt zu werden. Die Erkenntnis, wie sehr Sie zueinander passen, kann Ihnen ein Gefühl der Hoffnung und Freude über Ihre gegenseitige Zuneigung vermitteln. Machen Sie dem Menschen, den Sie lieben, daher viele Komplimente – Sie werden Ihre Bewunderung und Ihre Anerkennung tausendfach zurückbekommen.

Loben Sie auch das scheinbar
Selbstverständliche

In unserem Leben gibt es leider eine große Anzahl von Dingen, die langweilig, lästig und manchmal richtiggehend unangenehm sind: Wenn Sie den Dreck vom Hund wegmachen müssen, zum 30. Mal „Flieger" mit Ihrem dreijährigen Sohn spielen sollen oder abends nach einem anstrengenden Tag im Büro das Abendessen zubereiten müssen, ist Ihnen klar, daß keines dieser Dinge zu den besonders erfreulichen Aspekten des Lebens gehört.

Daß wir diese gewöhnlichen und manchmal überaus belastenden Dinge als Ausdruck unserer Liebe füreinander tun, ist ein Zeugnis dessen, wie großzügig Liebe ist und wie weit Liebe gehen kann, um die ihr innewohnende menschliche Güte zu demonstrieren.

Wenn wir selbst die gewöhnlichsten Handlungen mit Anerkennung honorieren, machen wir sie erträglich: „Du hast gute Arbeit bei dem Essen mit meinem Vorgesetzten geleistet." „Danke, Liebling, daß du den Schrank aufgeräumt hast." „Es bedeutet mir sehr viel, daß du immer dafür sorgst, daß Milch für meinen Kaffee im Haus ist." „Ich bin dir sehr dankbar dafür, daß du immer die Rechnungen bezahlst." Meine Freundin Petra drückt es so aus: „Es ist einfach schön, wenn sogar die kleinsten Tugenden anerkannt werden."

Wenn wir für solche Dinge gelobt werden, entsteht daraus nicht nur das Gefühl, daß die alltäglichen Dinge, die wir tun, gewürdigt werden, sondern auch, daß unser Partner weiß, daß wir sie aus Liebe tun. Besonders wenn man verheiratet ist, ist es leicht, zur Putzfrau oder zum Handwerker degradiert zu werden, beziehungsweise den Eindruck zu bekommen, als ob die einzige Verbindung darin bestünde, häusliche Arbeiten gemeinsam zu erledigen. Wenn wir den anderen jedoch für diese gewöhnlichen

Aktivitäten loben, erkennen wir damit an, daß sie nicht die höchste Berufung sind, die wir beide erlangen können.

Unser Lob macht den Partner dankbar dafür, daß er die Gelegenheit hat, die alltäglichen und manchmal erbärmlichsten Notwendigkeiten des Lebens zu verrichten. Und da wir zum Ausdruck bringen, wie sehr wir unseren Partner schätzen, eben weil er diese kleinen Dinge erledigt, weisen wir dem Alltäglichen seinen adäquaten Platz in unserem Leben zu. Das wiederum erinnert uns daran, daß wir einander wegen der höheren Erfahrungen, der tieferen Begegnungen und aus viel spezielleren Gründen lieben.

Nehmen Sie Ihren Partner daher nicht als selbstverständlich hin. Es ist so leicht, im normalen Alltagsstreß all die kleinen Dinge zu vergessen, die er oder sie für Sie tut. Entwickeln Sie eine Methode, sich daran zu erinnern: Binden Sie sich eine Schnur um den Finger, kleben Sie einen Zettel an den Spiegel, schreiben Sie eine Notiz auf ein Stück Papier und legen Sie es in die Schublade mit Ihrer Unterwäsche. Anerkennung für das scheinbar Selbstverständliche zu zeigen, ist eine einfache Methode, um zwischen den Gipfelerfahrungen besonderer Zeiten den Mut in den irdischen Tälern nicht zu verlieren.

Tun Sie das Gewöhnliche
auf außergewöhnliche Weise

Die Liebe beschert uns unter anderem auch die Fähigkeit, selbst die einfachsten Gesten des alltäglichen Lebens bedeutungsvoll scheinen zu lassen, aus dem Gewöhnlichen etwas Ungewöhnliches zu machen und das Vertraute mit neuem Zauber zu versehen. Das Alltägliche auf eine besondere Art und Weise zu tun, bedeutet, etwas Alltägliches ohne einen besonderen Grund zu verrichten, und in unserer heutigen Zeit, in der man alles „fertig" kaufen kann, ist das Alltägliche von früher zu etwas ganz Besonderem geworden. Es ist ein Luxus, einen selbstgemachten Kuchen, einen gestopften Strumpf oder ein von Hand gefertigtes Gewürzregal zu bekommen.

Von Zeit zu Zeit überreicht Klaus Julia einen Umschlag mit Gutscheinen, die sie bei ihm eintauschen kann. Er putzt ihr dafür die Schuhe, schärft die Messer, pflanzt die Petunien in die Blumenkästen auf der Veranda und räumt den fürchterlich unordentlichen Schrank in der Diele auf. Johanna bessert Rüdigers Pullover aus und näht seine Knöpfe an. Einmal im Jahr sieht sie während seiner Abwesenheit seinen Kleiderschrank durch und flickt alles, was es nötig hat. „Es ist etwas ganz Besonderes für mich", sagt Rüdiger. „Ich empfinde es als sehr liebevoll, weil ich weiß, daß sie eigentlich gar nicht die Zeit dafür hat."

Manchmal schaffen Sie damit, daß Sie etwas Alltägliches auf eine besondere Art und Weise tun, einfach eine Gelegenheit, um etwas Banales gemeinsam zu tun. Immer, wenn sie Freunde zum Abendessen eingeladen haben, waschen Belinda und Peter anschließend das Geschirr ab, obwohl sie eine Geschirrspülmaschine haben. „Wir genießen das richtig. Irgend etwas ist an dem warmen Seifenwasser und an den Geschirrtüchern aus Leinen, das alles so leicht macht. Dabei entspannen wir uns, sprechen über die Menschen, die zum Essen da waren, und darüber, wie wir uns im Vergleich zu unseren Freunden empfinden, und wir erinnern uns in diesen Augenblicken daran, was wir aneinander haben. Dabei kommen einige ganz erstaunliche Dinge heraus. Normalerweise würden wir uns nicht die Zeit nehmen, all das zu besprechen, über das wir beim Abwaschen reden. Aber es fühlt sich einfach so sicher an, zusammen an der Spüle zu stehen – wir können dabei gut aus uns herausgehen."

Dadurch, daß Sie etwas Alltägliches auf eine besondere Art und Weise tun, vermitteln Sie sich gegenseitig auf sehr einfachem Wege, daß Sie einander lieben. Sie erinnern sich daran, daß Sie sich zusammengetan haben und daß Sie Ihr Leben auch in Zukunft miteinander teilen wollen. Da einfache Dinge in unserem Unterbewußtsein mit unkomplizierten Zeiten verknüpft sind, sind sie ein wundervoller Balsam in unserem so streßvollen Leben. Unabhängig davon, wie kompliziert das Leben auch sein mag, erinnern sie uns daran, daß die schönsten und heilsamsten Gesten der Liebe in Wirklichkeit von großer Schlichtheit sind.

Halten Sie Ihr Wort

Worte – und die Art und Weise, wie unsere Handlungen hinter ihnen stehen oder auch nicht – haben eine ungeheure Fähigkeit, uns zu verletzen oder zu heilen. Es ist wahr, daß Worte die Wirklichkeit erschaffen. Denn wir alle investieren unsere Ängste, Befürchtungen und Erwartungen in die Worte der anderen. Um daher die Liebe in Ihrem Leben lebendig zu halten, sollten Sie zu Ihrem Wort stehen.

Wenn Sie Ihr Wort halten, schaffen Sie Vertrauen in Ihrer Beziehung. Wort zu halten bedeutet nicht nur, Ihre Versprechen zu halten, sondern auch in einem allgemeineren Sinn zu sagen, was Sie vorhaben, und das zu tun, was Sie sagen.

Nichts kann eine Beziehung so grundlegend und tiefgreifend aushöhlen wie Worte, die ohne Bedeutung sind. Die größten Enttäuschungen im Leben der meisten von uns entstanden durch Worte, die nicht der Wahrheit entsprachen: „Er sagte zu mir, daß er oft noch bis spät abends im Büro arbeiten müßte, doch er hatte die ganze Zeit über eine Affäre." „Mein Vater versprach mir, mich mit nach Italien zu nehmen, doch er heiratete statt dessen meine Stiefmutter und fuhr dann mit ihr dorthin." „Obwohl sie mir geschworen hatte, daß er nur ein Freund von ihr war, fand ich später heraus, daß sie jahrelang in ihn verliebt gewesen war."

Da wir alle schon einmal mit Worten verletzt worden sind, sind wir schnell zutiefst erschüttert, wenn wir entdecken, daß jemand sein Versprechen nicht hält. Sicherlich wäre es angenehmer für uns, wenn unser Partner emotional endlos belastbar wäre, wodurch es nicht so schlimm wäre, wenn wir von Zeit zu Zeit nicht ganz das sagen würden, was wir meinen, oder etwas sagen würden, was sich im nachhinein als unwahr entpuppt.

Doch in Wirklichkeit kann unser Herz nur eine gewisse Anzahl kleiner Notlügen oder unabsichtlich gebrochener Versprechen ertragen. An irgendeinem Punkt wird unser Vertrauen schwinden, und wir beginnen zu merken, wie oft unser Partner etwas nicht getan hat, was er versprochen hatte. Wir werden dann auf eine sehr subtile Art und Weise nicht mehr auf seine Worte zählen. Ohne es zu bemerken, fangen wir an, nicht mehr zuzuhören und selbst den Dingen zu mißtrauen, die unser Partner vielleicht wirklich noch genauso meint, wie er sie sagt.

Bis auf unvermeidliche Ausnahmen – wenn Sie zum Beispiel versprochen haben, mit zu seinem Klassentreffen zu gehen und am Abend vorher einen Hexenschuß bekommen – sollten Sie sich alle Mühe geben, zu sagen, was Sie meinen, und zu tun, was Sie sagen. Wenn Sie Ihr Wort halten, wird dadurch in Ihrer Beziehung eine stabile Grundlage für Vertrauen geschaffen, die es Ihnen ermöglichen wird, all die liebevollen und anerkennenden Worte, die ein Merkmal unvergänglicher Liebe sind, wirklich zu genießen.

Üben Sie Kritik nur unter vier Augen

Wir alle tun Dinge, die nicht vollkommen sind: Einige von uns reden zu viel oder unterbrechen andere ständig, andere kommen immer zu spät, wieder andere führen ihren Haushalt zu schlampig oder sind zu perfektionistisch, was ihre Arbeit anbelangt. Unsere Fehler bringen uns an sich schon genug in Verlegenheit, so daß wir sicherlich nicht in aller Öffentlichkeit an sie erinnert werden müssen.

Scheinbar harmlose oder bedeutungslose Beschwerden, die – wenn auch nur zum Spaß – in der Gegenwart von Freunden, Gästen, dem Klempner, Ihrer Tante oder Ihrer Schwiegermutter zum Ausdruck gebracht werden, wie zum Beispiel „Du denkst nie daran, den Müll rauszubringen" oder „Du bekleckerst dich immer, wenn du neue Sachen anhast, du bist so unordentlich", sind degradierend für das Wesen des anderen Menschen. Es bewirkt, daß der Partner sich in der Gegenwart anderer, in der er sich lieber vollkommen, beeindruckend und wertvoll fühlen würde, klein, wertlos und bestraft vorkommt.

Ein solches Verhalten trägt auch wenig dazu bei, Ihre Beziehung zu stabilisieren. Wieviel Lust hätten Sie dazu, das Auto Ihrer Frau in die Werkstatt zu fahren, wenn sie Ihnen anschließend im Büro vor Ihrem Chef sagen würde, daß sie nicht glauben kann, wie lange Sie dazu gebraucht haben?

Tadel stellen immer einen schmerzlichen Bezug zu der eigenen Kindheit her. Sie gehen auf das immer wiederkehrende Gefühl aus der Kindheit zurück, unzulänglich und machtlos zu sein, beides Merkmale einer Zeit, als wir noch klein und unseren Eltern ausgeliefert waren. Aus diesem Grunde ist es doppelt schmerzlich, vor irgend jemandem an unsere Fehler, unsere Schwächen und an Situationen, in denen wir versagt haben, erinnert zu werden – mit Ausnahme der Menschen, die uns nahestehen, denn bei ihnen dürfen wir zu Recht darauf hoffen, daß sie uns verstehen und uns verzeihen werden.

Sicherlich haben sich bei uns allen kleine Unzulänglichkeiten eingeschlichen, die es wert sind, daß man ein Wort darüber verliert. Wenn wir in einem privaten Rahmen auf sie hingewiesen werden, kann uns das dabei helfen, uns zu verändern. Kritik kann in der Tat – genau wie Lob – die Richtung unseres Weges gestalten, und daher erfüllt sie eine äußerst kreative Funktion.

Wenn Kritik jedoch in der Öffentlichkeit geübt wird, verletzt sie unsere Würde und ist weit davon entfernt, korrigierend auf das einzuwirken, was verbessert werden muß, sondern sie erzeugt Widerstand und Angst in uns. Ein Gefühl, daß wir so nicht zu akzeptieren sind, wie wir wirklich sind, beginnt sich breitzumachen, und wir fangen vielleicht nach einiger Zeit ebenfalls an, unseren Partner nicht mehr zu akzeptieren, um wieder ein ausgewogenes Verhältnis herzustellen. Das kann soweit gehen, daß unsere Beziehung sich nach außen hin nur noch als eine gehässige Abwärtsspirale darstellt und wir uns ständig hänseln, abwerten und vor den Kopf stoßen.

Boshaftigkeiten in der Öffentlichkeit sind das Gegenstück zu liebevoller Unterstützung und Nähe. Solche Tadel sind keine Einladung zu einer Veränderung, sondern machen uns seelisch fertig. Bewahren Sie Ihre Liebe, indem Sie wohlwollend über die Dinge schweigen, die Sie gerne verbessert haben würden, bis Sie unter vier Augen sind.

Tun Sie das Unerwartete

Sarah überraschte Max, ihren Mann, damit, daß sie an seinem Geburtstag in schwarzen Netzstrümpfen und von Kopf bis Fuß in Schale geworfen in seinem Büro erschien, wobei sie eine Geburtstagstorte in den Händen hielt und „Happy Birthday" sang.

Ludwig erzählte Claudia, daß er einen Film für seine neue Kamera abholen müßte und fragte sie, ob sie nicht mitkommen wollte. Dann fuhr er mit ihr in den Park, holte einen großen Picknick-Korb aus dem Kofferraum des Autos, zauberte einen wundervollen Strauß roter Rosen hervor und fragte sie unter den ausladenden Ulmen, ob sie ihn heiraten wollte.

Susi gibt manchmal Orangenblüten in Freds Badewasser, Fred singt Ständchen für Susi von unterhalb des Schlafzimmerbalkons. Klara legt einen Liebesbrief in Peters zusammengefaltete T-Shirts, Peter kauft für Klara ohne besonderen Anlaß ein neues Nachthemd.

Jeder (zumindest fast jeder) mag Überraschungen, das völlig Unerwartete, das Ungewöhnliche, den versteckten Schatz, den Lichtblick im trüben Alltag. Das unvorhergesehene Ereignis stimmt uns positiv und glücklich. Bringen Sie deshalb etwas Würze in Ihr Leben, indem Sie etwas völlig anderes tun. Streuen Sie Blütenblätter von Gardenien auf das Bett, hinterlassen Sie einen Liebesbrief im Eisfach, lesen Sie einander eine Gute-Nacht-Geschichte vor, verstecken Sie Eintrittskarten für den Zirkus unter dem Kopfkissen, nehmen Sie Ihren Schatz zum Wahrsager mit, folgen Sie Ihrer Liebsten einen Tag lang mit der Kamera und fertigen Sie eine Fotogeschichte ihres Lebens an, hinterlassen Sie eine geheime erotische Botschaft auf seinem Anrufbeantworter, rufen Sie sie nachts an – einfach nur, um ihr zu sagen, daß Sie sie lieben, servieren Sie ein Essen bei Kerzenlicht im Bett. Tun Sie so, als ob

Sie schlafen würden, und wecken Sie dann Ihren Geliebten auf, um ihn heiß und innig zu lieben.

Wenn wir etwas Unerwartetes tun, so hat dies etliche wunderbare Auswirkungen. Sie haben die Gelegenheit, sich über Ihre eigene Phantasie zu freuen und von Ihrer (vielleicht sonst brachliegenden) Kreativität Gebrauch zu machen. Darüber hinaus vermittelt es Ihrem Partner das Gefühl, etwas Besonderes zu sein, und belebt Ihre Beziehung.

Es ist leicht, in einen Trott zu geraten. Das Altvertraute können Sie jedoch jederzeit wiederholen. Es ist das Außergewöhnliche, wodurch sich Liebe eben wie Liebe anfühlt und nicht wie eine eintönige, graue Alltagsroutine zweier Personen. Tun Sie daher das Unerwartete – was auch immer es sein mag und sooft Sie können –, und Sie werden sehen, daß Ihre Beziehung sich von grauem Abwaschwasser in prickelnden und schäumenden Champagner wandelt.

Benehmen Sie sich
in der Öffentlichkeit

Ihre Beziehung hat, genau wie Sie, ein Selbstbild. Sie und Ihr Partner sind zusammengekommen, um unter anderem zum Ausdruck zu bringen, daß die Einheit zweier Menschen eine wertvolle und schöne Angelegenheit ist. Ihre Beziehung und damit auch den anderen Menschen in Ehren zu halten, bedeutet, sie in der Öffentlichkeit als das Juwel zu behandeln, das sie in Ihren Augen ist.

Sich in der Öffentlichkeit zu benehmen heißt auch, nie provokativ (oder auf irgendeine andere Art und Weise) mit jemand anderem zu flirten, Ihren Partner nicht gedankenlos mit einem anderen zu vergleichen, sich nicht über ihn lustig zu machen und sich in der Gegenwart anderer nicht heftig zu streiten.

Wenn Sie auf einer Party sind, sollten Sie die hochgewachsene Blondine nicht zu lange anstarren, sonst könnte Ihre Liebste ärgerlich werden (oder später, zu Hause, auf Ihre Annäherungen abweisend reagieren). Vermitteln Sie Ihrem Partner nicht das Gefühl, unzulänglich zu sein, indem Sie bei dem Rock-Star, der soeben bei der Wohltätigkeitsveranstaltung aufgetaucht ist, auf Tuchfühlung gehen oder sich stundenlang nur mit ihm unterhalten. Und erwecken Sie nicht den Eindruck, daß Sie sich den falschen Partner ausgesucht haben, indem Sie Ihren Liebsten bei dem Grillfest in der Nachbarschaft keines Blickes würdigen.

Natürlich hat sie Schwächen. Natürlich ist er nicht vollkommen. Aber das müssen die anderen nicht merken. Machen Sie es nicht überall publik – es geht niemanden etwas an. Und vergleichen Sie die Eigenschaften Ihres Partners – sein Aussehen, sein Benehmen, seine Qualitäten, seine schwachen Seiten oder sein Bankkonto – nicht mit denen eines anderen Menschen, den Sie auf einer Party getroffen haben. Es ist schmerzlich, mit anderen verglichen zu werden.

Und was am allerwichtigsten ist: Tragen Sie Ihre Konflikte nicht in der Öffentlichkeit aus. Das jährliche Essen der Anwaltskammer ist nicht das Olympiastadion. Nur weil Sie Ihre Probleme nicht lösen konnten, bevor Sie von zu Hause losgefahren sind oder Ihr Partner beim Abendessen etwas gesagt hat, was Ihnen weh getan hat, ist dies noch lange kein Grund zu versuchen, es ihm vor Publikum heimzuzahlen. Machen Sie die Schmach Ihrer Vorwürfe nicht doppelt so schlimm, indem Sie zulassen, daß andere Menschen sich noch daran beteiligen – waschen Sie Ihre schmutzige Wäsche zu Hause.

Wenn wir uns in der Öffentlichkeit schlecht benehmen, machen wir uns und unseren Partner lächerlich – wir waren so töricht, uns eine derartig unzulängliche Person als Partner auszuwählen, und unser Partner ist so töricht, sich von uns niederträchtig oder schlecht behandeln zu lassen.

Mit anderen zu flirten, den Partner mit anderen zu vergleichen, sich über den eigenen Partner lustig zu machen und sich in aller Öffentlichkeit zu streiten, sind Unarten, die feine Risse und Narben in der emotionalen Landschaft unserer Beziehung verursachen können. Es sind gemeine, unvernünftige Belastungsproben, die keiner verdient hat.

Eine Beziehung muß gepflegt werden, und wir dürfen sie nicht mutwillig gefährden oder mißbrauchen. Sich in der Öffentlichkeit zu benehmen bedeutet, soviel Interesse an Ihrem Partner zu zeigen, daß er sich sicher fühlt. Es bedeutet, daß Sie ihn oder sie genug lieben, um die ganze Welt Hochachtung – und Ehrfurcht – für den Menschen, den Sie sich auserwählt haben, und für die Beziehung, die Sie beide geschaffen haben, empfinden zu lassen.

Überhäufen Sie sich mit Küssen

Eine Beziehung braucht Zärtlichkeit und Küsse. Auch wenn die Zeit des Werbens vorbei ist, muß eine Beziehung immer und immer wieder durch Küsse und Zärtlichkeiten bestätigt und bekräftigt werden. Ein Kuß – jene liebevolle Berührung mit den Lippen – ist mehr als alles andere ein Zeichen dafür, daß wir den Menschen, den wir küssen, mögen, ihn lieben, wertschätzen und bewundern.

Küsse können – wie die kleinen Herzen aus Zuckerwerk zum Valentinstag – all unsere kleinen (und großen) Liebesbotschaften übermitteln. Sie sind der süßeste, einfachste und am meisten verbreitete Ausdruck von Zuneigung. Immer dann, wenn wir uns küssen, nähren wir unsere Verbindung.

So, wie Küsse in einer neuen Liebesaffäre das Tor zur erotischen Erfahrung sind, erhalten und tragen sie in einer dauerhaften Partnerschaft die sexuelle Leidenschaft. Sie sind das Wahrzeichen einer intimen Beziehung, der Weg, über den wir einander vermitteln, daß wir uns lieben und gerne miteinander Liebe machen würden.

Küsse sind jedoch nicht nur ein Tor zur Leidenschaft. Wenn wir in den Bereich der sexuellen Intimität eingetreten sind, sollten wir daran denken, daß Küsse auch für sich genommen Macht und Schönheit besitzen. Küsse können und sollten eine Vielzahl von Bedeutungen haben. Sie können ein Zeichen dafür sein, daß wir am Anfang einer wahren Liebe stehen, sie können eine gefühlsmäßige Verbindung herstellen oder Leidenschaft zum Ausdruck bringen. Ohne Worte vermitteln sie alles Mögliche, angefangen von „Liebling, ich bin wieder zu Hause", über „Alles Liebe", „Ich bin ganz wild auf dich", „Ich bewundere dich", „Du bist es, den ich begehre", „Ich gehöre dir", bis hin zu „Es tut mir leid". Unabhängig davon, welche spezielle Funktion sie im Augenblick erfüllen, bringen Küsse immer zum Ausdruck, daß wir eine Verbindung zu dem Menschen herstellen möchten, den wir küssen, daß wir zu ihm heimkehren und ihn geistig umarmen möchten.

Küsse sind die Nahrung der Liebe. Sie vermitteln uns das Gefühl, sanft berührt zu werden; auserwählt, begehrenswert, kraftvoll, schön, sinnlich, glücklich, sorgenfrei, unbesiegbar zu sein und *geliebt* zu werden. Küsse heben die Ebene unserer Erfahrung an – vom Alltäglichen und Banalen zum Köstlichen und Außergewöhnlichen. Küsse ziehen uns in ihren Bann und bringen unsere besten Absichten zum Ausdruck. Überhäufen Sie sich daher mit Küssen, und unterschätzen Sie niemals die Macht eines Kusses.

Sagen Sie liebevolle Dinge

Jeder möchte gerne hören, wie sehr und warum genau er geliebt wird. Auch wenn wir uns bereits füreinander entschieden haben, und sogar dann, wenn die Verbindung sich gefestigt hat, benötigen wir immer wieder eine verbale Bestätigung dafür, daß wir geliebt werden. Wir möchten wertgeschätzt werden und das Gefühl haben, für den Menschen, den wir lieben, etwas Kostbares, Besonderes, Reizvolles und Unersetzliches zu sein. Wir möchten aus der Masse hervorgehoben werden und vor allem anderen von dem Menschen, der uns erwählt hat, hören, daß er uns liebt.

Oft glauben wir, daß es ausreicht, viel für jemanden zu empfinden, daß wir es nicht auch noch sagen müssen – doch das stimmt nicht. Täuschen Sie sich nicht – Worte bedeuten jedem von uns sehr viel. Wir alle tragen eine Menge an Unsicherheiten mit uns herum, und keiner ist sich seines Wertes so bewußt, daß er es nicht mehr nötig hätte, sich auf alle erdenklichen Arten immer wieder sagen zu lassen, daß, warum genau und wie sehr er geliebt wird – denn eben das inspiriert uns.

Wir brauchen es, daß man es uns *sagt*. Und die Worte müssen aufrichtig sein. Das abstrakte „Natürlich liebe ich dich" ist einfach kein Vergleich zu dem direkten „Ich liebe dich. Du bist mein Liebstes. Ich möchte immer mit dir zusammen sein." Und Schweigen kann mit Worten wie „Du bist das Licht meines Lebens" einfach nicht mithalten.

Obwohl einige Menschen glauben, daß solche Sätze kitschig sind, liegt auch tief auf dem Grund des scheinbar kühlsten Herzens ein Liebender oder eine Liebende vergraben, der oder die sich danach sehnt, bewundert zu werden. Tief im Innern sind wir alle versteckte Romantiker – der Teil von uns, der sich verliebt hat, der von Musik und Mondschein verzaubert worden ist, der atemlos darauf gewartet hat, die Worte zu vernehmen, die eine neue Liebe verkünden sollten: „Ich bete dich an. Ich kann ohne dich nicht mehr leben." Und es nur *einmal* zu hören, war nie genug und wird es auch nie sein. Auch wenn wir dazu in der Lage wären, so wollen wir nicht immer nur auf die Liebe des anderen vertrauen müssen. Wir möchten, daß unsere Herzen von liebevollen Worten überfließen, die man uns ständig aufs neue sagt.

Sprechen Sie Ihren Partner daher mit einem besonderen Namen an, sagen Sie ihr, worüber Sie sich besonders an ihr freuen, und ihm, warum Sie ihn so unendlich lieben. Sprechen Sie all jene sentimentalen und schwärmerischen Worte aus, von denen Sie bisher glaubten, daß Sie nur im Film gesagt werden – je romantischer, je erotischer, je genießerischer, desto besser: „Du bist die Frau meiner Träume", „Am liebsten würde ich dich verschlingen", „Du bist mein Engel", „Du bist ein wundervoller Mann", „Du bist ein traumhafter Liebhaber".

Worte der Liebe stärken unsere Beziehung, sie sind ein Elixier der Leidenschaft und Balsam für eine vergehende Romanze. Das Leben an sich ist oftmals schon so gewöhnlich – es gibt keinen Grund, warum die Liebe es auch sein muß. Wir verlieben uns, um am Zauber der Liebe teilzuhaben; Liebe läßt uns Flügel wachsen. Liebevolle Worte heben uns wie Schwingen empor, in die Welt der Romantik. Mehr als alles andere tragen sie dazu bei, uns über das Anstrengende und Langweilige zu erheben. Nichts kann dem Höhepunkt einer Romanze soviel Dauer verleihen wie endlos geflüsterte kunstvolle Worte der Liebe.

Sagen Sie: „Bitte ...“

Es hört sich unglaublich einfach an, aber es ist so: Unsere Beziehungen würden sich erheblich verbessern, wenn wir immer daran denken würden, „bitte" zu sagen. „Weck mich doch bitte auf, bevor du morgens aus dem Haus gehst." „Bitte, schließ die Tür." „Bitte, ruf deine Mutter an und sag ihr, daß wir es diese Woche nicht zum Familienessen schaffen." „Hilf mir bitte im Garten mit dem Rasen." „Bitte, entferne deine Haare aus dem Abfluß in der Badewanne." „Könntest du bitte für das Weihnachtsfest im Büro ein paar Vorspeisen zubereiten?" „Bitte, küß mich." „Komm doch bitte ins Bett."

Obwohl es nicht nötig zu sein scheint, bitte zu sagen, und es den Anschein erweckt, als könnten Sie es weglassen, da Sie sich jetzt ja schon so gut kennen, oder Sie glauben könnten, es handle sich um ein Zurückfallen in eine Umgangsform aus Ihrer Kindheit, ist dies nicht der Fall. Bitte zu sagen bedeutet, daß Sie den anderen Menschen nicht als selbstverständlich hinnehmen. Statt dessen besagt es, daß Sie auf der ganzen Linie und bis ins kleinste Detail erkennen, daß eine Beziehung – unter anderem – ein beständiger Austausch von Freundlichkeiten ist, von Dingen, die Sie beide entweder mit Leichtigkeit oder aber mit großem Aufwand füreinander tun.

Das Wörtchen „bitte" bewahrt Sie davor, es zuzulassen, daß Ihre Beziehung sich in einen dumpfen Morast verwandelt, in dem zwei Menschen sich nur noch herumkommandieren: „Reich mir die Butter." „Mach das Licht aus." „Hol das Hundefutter auf dem Weg nach Hause ab." So sollte man mit niemandem sprechen.

Wenn wir bitte sagen, erkennen wir auf unbewußter Ebene eines der größten Geschenke der Liebe an: die Gegenwart dieses Menschen in unserem Leben. Wir empfinden Dankbarkeit dafür, daß sie uns zur Seite steht, daß er den Wunsch hat, uns zu helfen, daß wir sie genug schätzen, um ihr die Ehre zu erweisen, bitte zu sagen.

Bitte zu sagen ist auch ein Weg, den Menschen, den wir lieben, zu respektieren und anzuerkennen, daß die Dinge, die unser Partner uns gibt, nicht immer leicht zu geben sind oder Spaß machen. Es bedeutet, sich uneingeschränkt darüber bewußt zu sein, daß – unabhängig davon, wie lange man bereits zusammen ist, wie sehr man einander liebt oder wie frei man sich fühlt, den anderen um etwas zu bitten oder etwas von ihm zu erwarten – auch der kleinste Liebesdienst eine liebevolle Anstrengung erfordert.

Bitte zu sagen ist ein Weg, um dem Menschen, den man liebt, stets Achtung zu erweisen, ihn als Person zu behandeln, die es noch immer – und auf ewig – verdient hat, daß man sich ihr mit der Freundlichkeit nähert, die einfach zu guten Manieren dazugehört. Es ist so, als würden Sie das Silberbesteck polieren. Zu Ihrer Liebe kommen die Tiefe der Reflexion und eine liebevolle Aufmerksamkeit hinzu, und selbst die gewöhnlichsten Gesten leuchten im Glanz gegenseitiger Achtung.

Seien Sie großzügig mit Geschenken

Geschenke heben unsere Stimmung und erfreuen unsere Herzen, denn sie geben uns das Gefühl, verwöhnt zu werden, etwas Besonderes zu sein und es wert zu sein, die wunderbar irrationalen Freuden des Lebens zu genießen. Obgleich wir wissen, daß Liebe in ihrer höchsten Form eine mystische, spirituelle Vereinigung ist, sind unser Leben und unsere Gefühle doch auf die alltägliche, materielle Welt ausgerichtet. Daher stimmen uns Geschenke hoffnungsvoll und schenken uns Lebensfreude.

Geschenke machen die Liebe „konkret". Sie sind nicht nur Erinnerungsstücke an besondere Ereignisse in unserer Beziehung – der Verlobungsring, die Uhr zum Geburtstag, die Halskette zum Hochzeitstag –, sondern materielle Zeugnisse der Liebe desjenigen, der sie geschenkt hat, und ein Zeichen dessen, wie wertvoll derjenige ist, der sie bekommen hat. Wenn Sie das entzückende T-Shirt mit dem großen Herzen auf der Vorderseite zur Aerobic-Stunde tragen, können Sie gar nicht anders als sich daran zu erinnern, daß er Sie wirklich liebt. Wenn Sie den eindrucksvollen neuen Aktenkoffer tragen, den sie Ihnen zum Geburtstag geschenkt hat, können Sie gar nicht vergessen, daß sie Sie einfach für phantastisch hält.

Gehen Sie daher großzügig mit Geschenken um. Warten Sie nicht auf eine besondere Gelegenheit. Kaufen Sie den unnötigen, kindischen, rührenden Gegenstand, das Geschenk, das Ihrem Partner vermittelt: Ich liebe dich; ich weiß, wer du bist. Seien Sie albern, ernst, großzügig, erfinderisch: die chinesische Schachtel mit der rosafarbenen Schleife aus Keramik, der kuschelige Teddybär, die Sporttasche mit den fünf Paar Tennissocken, die Thermosflasche im Weltraumzeitalter-Look, der Fingerhut aus Porzellan.

Es muß nicht teuer sein – Anke bringt ihrem Ehemann, der gerne nascht, regelmäßig etwas Schokolade mit, und er freut sich jedesmal. Und es muß noch nicht einmal etwas Materielles sein. Wenn Sie einander Ihre Zeit schenken, um gemeinsam ein Schaumbad zu nehmen, ohne daß die Kinder stören, um eine Runde Golf zu spielen oder lange zu schlafen, ist dies ein wundervolles und seltenes Geschenk, da heutzutage kaum noch jemand Zeit für den anderen hat. Was Sie schenken, ist nicht so wichtig. Wichtig ist, was Sie sich dabei denken und daß Sie von ganzem Herzen schenken.

Wenn Sie aus irgendeinem Grunde Schwierigkeiten damit haben, Geschenke zu machen oder anzunehmen, haben Sie vielleicht als Kind nicht die Geschenke und die Zuwendung bekommen, die Sie gebraucht hätten. Jetzt könnte es für Sie dermaßen schmerzlich sein, an Ihre früheren Enttäuschungen erinnert zu werden, daß Sie am liebsten ganz und gar auf Geschenke verzichten würden. Vielleicht gab es auch jemanden in Ihrem Leben, den Sie nie zufriedenstellen konnten, und nun macht es Ihnen viel zuviel Angst zu versuchen, für den Menschen, den Sie lieben, das richtige Geschenk zu finden. Vielleicht hat Ihnen aber auch nie jemand gezeigt, wie man schenkt oder Geschenke annimmt. Was auch immer der Grund sein mag – Ihnen entgeht etwas Wunderbares, eine Chance, die Welt in einem schöneren Licht zu sehen. Wenn Sie also zurückhaltend im Schenken sind, sollten Sie sich mit Ihrem Partner darüber unterhalten, was Sie schmerzt oder was es für Sie schwierig macht – das allein ist bereits ein Geschenk.

Nicht jeder von uns hat jedoch in diesem Bereich Probleme. Wenn Sie bereits Weltmeister im Schenken sind, sollten Sie sich Ihrem natürlichen Talent hingeben. Wie oder wer auch immer Sie sind: beginnen Sie jetzt damit, Ihre Beziehung zu bereichern, indem Sie großzügiger mit Geschenken umgehen.

Fragen Sie, ob Sie helfen können

W ir alle sind schon genug mit den Dingen ausgelastet, die wir für uns selbst tun, sowie mit all dem, was wir für unseren Beruf, unsere Ehegatten und/oder unsere Kinder tun müssen, so daß wir nicht unbedingt die Zeit oder das Bedürfnis haben, noch irgend etwas Zusätzliches zu tun. Auch ohne jemand anderem zu helfen, haben wir bereits mehr als genug zu erledigen. Darum ist das Angebot, Ihrem Partner zu helfen, eine Form des emotionalen Wohlwollens, das Ihrer Beziehung einen besonderen Glanz verleihen kann.

Hilfe anzubieten ist mehr, als sich nur damit einverstanden zu erklären, die Last der Pflichten aufzuteilen. Sie sagen auf diese Weise, daß Sie aus Liebe bereit dazu sind, sich auf die Verpflichtungen Ihres Partners einzulassen. „Liebling, ich habe gesehen, daß du die ganze Nacht auf warst, um die Steuererklärung zu machen. Kann ich dir heute morgen bei irgend etwas behilflich sein?" „Brauchst du Hilfe beim Einkaufen?" „Deine Erkältung wird immer schlimmer. Soll ich Hustensaft für dich besorgen?" „Du hörst dich richtig traurig an. Würdest du gerne mit mir darüber reden?"

Wir können einander auf vielerlei Weise helfen. Es kann sich um einen verbalen Trost handeln (wenn Sie Ihrem Partner sagen, daß sich alles zum Besten wenden wird), um eine praktische Hilfe (wenn Sie beim Abwaschen helfen), ein emotionales Trösten (wenn Sie Ihrem Liebsten zuhören, wenn er von seinem Kummer erzählt) oder eine Art von Bereitschaft zu allem, was notwendig ist („Gibt es irgend etwas, was ich für dich tun kann?").

Hilfe anzubieten bedeutet, daß wir gerne möchten, daß es dem Menschen, den wir lieben, gutgeht, daß er sich wohl fühlt und wir bereit sind, Energie zu investieren, um diesen Zustand zu erreichen. Darüber hinaus erkennen wir dadurch, daß wir unsere Hilfe anbieten, an, daß wir nicht in einem Vakuum leben, daß wir nicht nur dazu geboren wurden, herumzusitzen und wie der Kaiser von China bedient zu werden. Die Welt liegt uns nicht zu Füßen, und unser Partner ist nicht unser Diener.

Wenn wir unsere Hilfe anbieten, ist dies auch ein Ausdruck liebevoller Aufmerksamkeit. Es besagt, daß wir in jedem Augenblick wahrnehmen, was mit dem Menschen, den wir lieben, los ist und daß wir willens sind, an seinen oder ihren Lebensumständen – sogar auf einer sehr irdischen Ebene – teilzuhaben. Indem Sie so handeln, machen Sie sich für Ihren Partner liebenswert, denn er weiß, daß Sie sogar in den kleinsten Dingen und auf subtile Weise aufmerksam sind, und sie weiß, daß Sie ihr zugetan sind. Dies ist eine weitere Methode, um Ihre Verbindung zu kräftigen, eine Methode, mit der Sie sagen, daß Sie sich selbst nicht als eine Insel betrachten, sondern als Teil des Festlandes, das durch Ihre Beziehung geschaffen wird.

Stellen Sie „lächerliche" Fragen

Sie: „Woran denkst du gerade?"
Er: „An meine Arbeit."
Sie: „Was ist mit deiner Arbeit?"
Er: „Mein Chef ist krank. Er ist seit einer Woche krank geschrieben, und die Ärzte wissen noch immer nicht, was ihm fehlt. Ich glaube, er hat Krebs, und das macht mir Angst. Arbeit kann töten – darüber denke ich gerade nach."

Dieses Beispiel zeigt, daß man eine scheinbar lächerliche Frage stellen und dadurch etwas Wesentliches herausfinden kann. Darum möchte ich Ihnen vorschlagen, daß Sie Ihrem Partner von Zeit zu Zeit eine scheinbar lächerliche Frage stellen, eine Frage, auf die eine selbstverständliche Antwort folgt, eine, deren Antwort Sie bereits zu kennen glauben, eine, die es eigentlich gar nicht wert ist, gestellt zu werden, eine, die zu stellen Sie in Verlegenheit bringt oder ängstigt oder deren Beantwortung Ihrem Partner peinlich sein könnte.

Was ist deine Lieblingsfarbe? Warst du glücklich als Kind? Worüber denkst du gerade nach? Warum liebst du mich? Magst du deine Arbeit? Was möchtest du beruflich erreichen? Was ist dein geheimster Traum? Was hast du noch zu tun, bevor du stirbst? Was erregt dich? Was magst du an deinem Körper?

Wenn wir uns verlieben, neigen wir aufgrund der Intensität der Gefühle, die wir für den anderen empfinden – der Lust, der Aufregung, der Freude, des Vergnügens –, dazu, davon auszugehen, alles über den anderen zu wissen: was ihn bewegt, was ihr wichtig ist, was sie wirklich zu einem bestimmten Zeitpunkt denkt oder fühlt. Es ist leicht, in diese Falle zu gehen, besonders dann, wenn wir uns schon eine Zeitlang kennen. Wir verbringen so viele Stunden mit diesem anderen Menschen, daß wir meinen, alles über ihn zu wissen. Wenn wir uns jedoch wie Alleswisser verhalten, verpassen wir möglicherweise die Gelegenheit, etwas Neues zu entdecken.

Darum sollten Sie von Zeit zu Zeit eine „lächerliche" Frage stellen. Sie führt häufig zu einer recht überraschenden Antwort, und Sie werden etwas Neues über die Tiefe, die Komplexität und die Einzigartigkeit des Menschen, den Sie lieben, entdecken. Fragen zu stellen ist ein Weg, den Sie beschreiten können, um einen anderen Menschen noch intensiver kennenzulernen. Und es *ist* Liebe, wenn Sie einen anderen Menschen in der Endlosigkeit seiner kleinen und großen Eigenarten, seiner Gedanken, Gefühle, Absichten, Enttäuschungen, Unzulänglichkeiten, Gebete, Hoffnungen und seiner Trauer kennen.

Achten Sie auf die Worte
zwischen den Zeilen

Auf einer Party, die vor kurzem stattfand, kam zu vorgerückter Stunde eine Freundin dazu. Ich ging zu ihr hin, um sie zu umarmen. Ich spürte, daß ich sie damit nicht wirklich erreichte. Sie begann eher beiläufig zu erzählen, warum sie so spät gekommen war – sie hatte ihren Bruder besuchen müssen, der im Krankenhaus lag. „Wo sind die Vorspeisen?" fragte sie. „Ich sterbe vor Hunger." Ich legte meine Hand auf ihren Arm, schaute ihr direkt in die Augen und sagte: „Du mußt nicht so tapfer sein." Daraufhin lehnte sie sich an meine Schulter. „Ich habe solche Angst, daß er es nicht schaffen wird!" stammelte sie und fing an, wie ein Kind zu schluchzen.

Das, was wir sagen, ist nicht immer das, was wir meinen. Wir verstecken unsere wahren Gefühle oftmals an ausgeklügelten geheimen Stellen zwischen den Worten, die wir verlauten lassen. Die meisten von uns verfügen nicht über eine solche Ausdrucksfähigkeit, um das volle Ausmaß unserer Empfindungen in Worte zu fassen, und oft sind wir uns gar nicht sicher, was wir überhaupt fühlen. Für die meisten von uns ist es extrem schwierig, unsere Gefühle exakt zu beschreiben, besonders, wenn wir uns traurig oder verletzbar fühlen oder uns schämen. Wenn wir solche Gefühle haben, sind unsere Worte meist völlig unzutreffend. Was wir mit unseren Augen und unserem Körper zum Ausdruck bringen, ist sehr oft eine wahrere Widerspiegelung unserer eigentlichen Botschaft.

Wenn Liebe lauscht, hört sie mit einem Ohr und dem Herzen auf das Unausgesprochene. Wenn Sie Ihrem Partner zuhören, sollten Sie daher auch auf das achten, was nicht gesagt wird, auf die Bedeutung seines zuckenden Fingers, seines schweren Atems, der zusammengezogenen Brauen oder der feuchten Augen.

Wenn Sie auf die Botschaft zwischen den Zeilen achten, hören Sie bewußt zu. Aus diesem Bewußtsein heraus können Sie versuchen, die Tiefen des anderen Menschen mit Ihren eigenen Worten zu berühren. Vielleicht können Sie ganz vorsichtig fragen: „Du sagst, daß du dich gut fühlst, aber deine Augen sehen traurig aus. Möchtest du mir mehr darüber erzählen?" Eine offene, einladende Frage kann Ihrem Liebsten genug Sicherheit vermitteln, um zu sprechen. Im Verlauf des Gesprächs können Sie feinfühlig weiter vordringen und den Boden für ein sehr viel tieferes Erkennen bereiten – ein Wissen, das daher rührt, daß das Ungesagte gehört wurde.

Versetzen Sie sich
in Ihren Partner hinein

Einer der größten Fallstricke in Beziehungen ist oftmals, daß wir unseren Partner als Zielscheibe für all das benutzen, was uns wütend macht. Es kann leicht zur Gewohnheit werden, dem Partner für alles, was nicht gutgeht, die Schuld in die Schuhe zu schieben und darüber hinaus zu erwarten, daß er dafür sorgt, daß es wieder in Ordnung gebracht wird.

Versuchen Sie sich einmal in Ihren Partner hineinzuversetzen, um diesem negativen Muster nicht zu erliegen. Dabei versetzen Sie sich in seine oder ihre Lage, lassen zu, daß die Erfahrungen Ihres Partners Ihr Bewußtsein durchdringen, und empfinden diese klar genug, so daß Sie sich – falls nötig – gegenseitig trösten können statt sich Vorwürfe zu machen.

Immer dann, wenn Sie fest davon überzeugt sind, daß Ihr Partner schuld daran ist, daß Sie schlechte Laune haben, der Computer nicht funktioniert, das Dach undicht ist, das Leben einfach langweilig ist, sollten Sie versuchen, sich in die Lage Ihres Partners zu versetzen. Stellen Sie sich vor, Sie wären Ihre Partnerin, und denken Sie an den ganzen Streß, die vielen großen und kleinen Beleidigungen, Angriffe, Enttäuschungen und Katastrophen, die sie zur Zeit durchmacht. Nehmen Sie sich eine Minute Zeit, um über die traumatischen Situationen, durch die Ihr Partner gerade gehen muß, nachzudenken.

Wenn es Ihnen schwerfällt, sich mit den Gefühlen Ihres Partners zu identifizieren, wenn seine Stiefel eine Nummer zu groß sind oder in ihrem gläsernen Pantoffel nur Platz für Ihren großen Zeh ist, sollten Sie die folgende Übung ausprobieren:

Beginnen Sie, indem Sie sich sagen: „Ich bin … ", wobei Sie sich beim Namen Ihres Partners nennen. Tun Sie dann so, als ob Sie Ihr Partner wären, und beginnen Sie darüber zu reden, was gerade mit „Ihnen" los ist. Was macht Ihnen augenblicklich Sorgen oder

Freude? Was belastet oder bedrückt Sie? Versuchen Sie, aus seiner oder ihrer Perspektive heraus wahrzunehmen, wie sich Ihr eigenes Verhalten, Ihre Kritik, Ihre Schuldzuweisungen und Ihre mangelhafte Unterstützung anfühlen. Was würden Sie sich – anstelle Ihres Partners – von dem Menschen, den Sie lieben, wünschen? Was könnte er oder sie tun, um Sie zu verstehen oder zu trösten?

Dies ist eine nützliche und oft sehr bewegende Übung, besonders, wenn Sie und Ihr Partner emotional festgefahren sind. Sie bietet Ihnen die Möglichkeit, wahre Einfühlsamkeit von innen heraus zu erlernen, da Sie in den Momenten, in denen Sie sich mit Ihrem Partner emotional identifizieren, Ihr eigenes Verhalten durch den Spiegel seines oder ihres Bewußtseins erfahren. Wenn Sie Ihr Partner „sind", sind Sie viel eher bereit, einen mitfühlenden Standpunkt einzunehmen, wodurch unweigerlich der Weg hin zu mehr Verständnis zwischen Ihnen und Ihrem Partner geebnet wird.

Diese Methode, sich in Ihren Partner hineinzuversetzen, ermöglicht es Ihnen, Ihre vorgefaßten Meinungen über den anderen zu überwinden und zu erkennen, daß alle Menschen das Bedürfnis haben, geliebt und verstanden zu werden.

Sagen Sie: „Danke..."

Sagen Sie immer danke, wenn Ihnen etwas geschenkt wird – unabhängig davon, was es ist: Lob, Geld, ein Kuß, Komplimente, Süßigkeiten, Zeit, ein offenes Ohr, Liebe, Briefe, ein neuer Hut, ein neues Haus, ein neues Auto, Nachwuchs, ein geplanter Urlaub, ein Überraschungsurlaub, eine Erkenntnis, ein Gefühl der Sicherheit, ein Blumenstrauß oder ein Gefühl, das Ihr Partner mit Ihnen teilt.

Ein Dankeschön hat auf beide Partner eine große Wirkung. Für denjenigen, der den Dank erhält, spiegelt sich darin die Liebe, die er gegeben hat. Er wird an das Gute in sich selbst erinnert, an seine Fähigkeit, einen Beitrag zu leisten. Ihr Partner kann sich dadurch immer wieder selbst als liebesfähig wahrnehmen. Das ist sehr wichtig, denn in einer Beziehung haben wir nicht nur das Bedürfnis, geliebt zu werden, sondern auch, uns als liebevoll zu erfahren. Wenn uns häufig Dank entgegengebracht wird, sehen wir uns in einem anderen Licht und lernen, daß wir durch unsere Worte, Taten und unsere Anstrengungen in der Lage sind, die Einstellungen, den Standpunkt und die Lebensumstände eines Menschen zu verändern. Das vermittelt uns das wunderbare Gefühl, positive Wirkungen erzeugen zu können, was wiederum unsere Fähigkeit steigert, liebevoll zu sein. Natürlich geben wir nicht nur, um Dank dafür zu ernten. Wenn der andere sich jedoch bei uns bedankt, erkennen wir den Wert dessen, was wir gegeben haben, was wiederum unsere Bereitschaft erhöht, auch weiterhin zu geben.

Danke zu sagen ist auch wichtig für den Menschen, der es sagt. Auf der untersten Ebene ist es schlichtweg Höflichkeit, eine Anerkennung dafür, daß ein anderer Mensch uns etwas Gutes getan hat. Auf einer weitaus höheren Ebene verändern wir jedoch dadurch unser Verständnis in bezug auf das Wesen unserer Bezie-

hungen. Dadurch, daß wir uns bedanken, machen wir uns nämlich bewußt, daß uns etwas gegeben wurde und daß liebevoll für
uns gesorgt wird.

Nur allzu leicht werden wir in jeder Art von Beziehung (zumindest innerlich) zu einem kritischen Nörgler, der sich endlos
beschwert und das Gefühl hat, der andere hätte noch nie etwas
Nettes oder Besonderes für ihn getan und würde es auch niemals
tun. Wenn wir uns bedanken, vertreiben wir dieses hoffnungslose
Gefühl und werden optimistischer. Wir formen ein neues Denk-
muster, welches mit der Zeit zur Gewohnheit wird: In unserem
Bewußtsein setzt sich der Glaube fest, daß wir großzügig und mit
Herzensgüte behandelt wurden, daß wir, wenn wir so wollen,
geliebt worden sind. In diesem Sinne bildet jedes Dankeschön unseren Charakter, denn wir sehen unseren Partner und die ganze
Welt dadurch in einem positiveren Licht.

So, wie Millionen von Schneeflocken mit der Zeit eine Schnee-
decke bilden, senkt sich jedes Dankeschön, das wir aussprechen,
auf uns und unseren Partner hinab, bis wir im Herzen und im
Geiste von Dankbarkeit getragen werden.

Behandeln Sie Ihre Beziehung als etwas Kostbares

Zeigen Sie Ihre Zuneigung
in der Öffentlichkeit

Angela und Dirk, die bereits seit Jahren verheiratet waren, gingen mit einigen von Dirks Geschäftskollegen zum Essen. Es war auch ein junges Paar dabei. Als Dirk den beiden zu ihrer Vermählung gratulierte, sagte er: „Ich freue mich so für Sie, weil meine Ehe bisher einfach wunderbar gewesen ist. Angela ist intelligent, schön und geistreich. Sie glaubt an mich, wenn ich mir etwas vornehme, sie tröstet mich, wenn ich versage, ich weiß immer, daß sie mich liebt – und sie versteht jede Pointe in meinen Witzen. Darum ist sie die perfekte Frau für mich."

„Was du gerade gesagt hast, bedeutet mir mehr als alles andere, was du mir bislang unter vier Augen gesagt hast", antwortete Angela. Ihr Dialog bekam etwas Feierliches und wurde für alle anderen am Tisch zu einer Inspiration.

Ihrer Liebe öffentlich Ausdruck zu verleihen ist das Gegenteil zu einem Verhalten, bei dem Sie so tun, als sei Ihre Beziehung eines der wohlgehütetsten Geheimnisse der westlichen Welt. Statt Ihre Beziehung unter den Scheffel zu stellen, halten Sie ihr Banner hoch, damit jeder es sehen kann.

Wir neigen zu der Annahme, daß ein gesellschaftlich angemessenes Verhalten darin besteht, unsere Beziehung verdeckt zu halten. Es ist, als ob wir einen Vertrag mit der restlichen Welt abgeschlossen hätten, in dem es heißt, daß „wir uns lieben, wenn wir unter uns sind, und uns in der Gesellschaft anderer wie zivilisierte Fremde verhalten". In Wirklichkeit gibt es kaum etwas, das uns ein angenehmeres Gefühl vermittelt, als in aller Öffentlichkeit von unserem Partner gelobt zu werden oder in der Gesellschaft anderer zu erfahren, daß er oder sie der Ansicht ist, unsere Beziehung sei das Schönste, was es auf der Welt gibt. Indem sie mit den Augen anderer gesehen wird, können wir unsere Beziehung oder unseren Lebenspartner auf neue Weise entdecken und von diesem leicht veränderten Blickwinkel aus erkennen, was für einen wundervollen Schatz wir eigentlich haben.

Ich spreche nicht davon, aus Ihrer Liebesbeziehung ein leidenschaftliches Spektakel in der Öffentlichkeit zu machen, sondern davon, daß Sie Ihre Beziehung vor anderen ehren, davon, daß Sie die Menschen, mit denen Sie gesellschaftlich zusammentreffen, wissen lassen, daß Ihre Beziehung etwas sehr Wertvolles für Sie ist, daß sie Ihr Herz erfüllt und Ihrem Leben einen Sinn verleiht.

Ihre Zuneigung auch in der Öffentlichkeit zu zeigen, geht über das oberflächliche „Ich möchte gerne meiner wunderbaren Frau danken…“ oder „Ohne die nachhaltige Unterstützung meines Mannes…“ weit hinaus und erreicht das Niveau einer tief empfundenen und ganz besonderen Anerkennung. Es gibt dem Partner, dem Sie Ihre Wertschätzung bekunden, ein wunderbar erhabenes Gefühl, auf diese Weise geehrt zu werden, und schenkt den Menschen, die Zeugen dieser Anerkennung werden, ein hoffnungsvolles Gefühl in bezug auf die Kraft der Liebe.

Völlig unabhängig davon, wie lange Sie schon zusammen sind, sollten Sie sich daher vor Freunden und Fremden gegenseitig ehren. Die Gefühle der Zuneigung werden sich vervielfachen, wenn Sie aus Ihrer Beziehung ein wunderbares Beispiel für die Liebe machen.

Nehmen Sie aneinander Anteil

Anteil aneinander zu nehmen bedeutet, das Leid des anderen zu teilen, und hat zunächst einmal nichts damit zu tun, Probleme zu lösen. Anteilnehmen heißt, liebevoll zum Zeugen der kleinen und großen Sorgen und Hindernisse im Leben des anderen zu werden. In einer Beziehung wird uns die Möglichkeit gegeben, das Leiden und die unangenehmen Erfahrungen des Lebens gemeinsam zu tragen und zu wissen, daß man sich gegenseitig von seinen Problemen erzählen und den anderen wieder aufbauen kann.

Sabine hatte die Eigenart, stets von ihren Sorgen zu erzählen, ohne daß ihr viel zugeredet werden mußte. Sie ließ einfach alles bei Frank ab, sobald er zur Tür hereingekommen war. Wie sie 45 Minuten lang auf der Schnellstraße im Stau gestanden hatte, wie der Computer im Büro abgestürzt war, so daß sie ihr Projekt nicht mehr rechtzeitig fertigstellen konnte, und daß die Einkaufsschlange im Supermarkt sechs Kilometer lang gewesen war. Eines Tages bemerkte sie das Schweigen zwischen ihnen, nachdem sie sich ausgesprochen und er sie getröstet hatte, und fühlte sich ein wenig verlegen. „Hast du keine Sorgen?" fragte sie schließlich. „Natürlich", sagte er verblüfft. „Nun, warum erzählst du mir nie davon?" fragte sie. „Wahrscheinlich, weil ich nie daran gedacht habe, es zu tun. Oder ich war nie der Meinung, daß ich es könnte. Es schien so, als ob wir vereinbart hätten, daß du diejenige bist, die ihre Sorgen erzählt, und ich den mitfühlenden Part übernehme."

Paare neigen sehr oft dazu – wie Sabine und Frank, bis sie sich dabei ertappten –, unbemerkt die verschiedenen Pole einzunehmen, wobei der eine Partner zu dem wird, der sich über seine Sorgen ausläßt, und der andere die Rolle des Zuhörenden und Tröstenden übernimmt. Aneinander Anteil zu nehmen beruht jedoch auf Gegenseitigkeit. Eine Beziehung ist eine Art Gemeinschaftsunternehmen, in dem man die Dinge, die einen im Leben so fertigmachen können, miteinander teilt.

Das Anteilnehmen ist deshalb so wichtig, weil es im Leben eine große Anzahl von Angriffen und leidvollen Erfahrungen gibt, die sich in uns aufstauen, wenn wir uns nicht sofort, nachdem sie geschehen sind, von ihnen befreien. Sie können zu einer echten seelischen Belastung werden und entladen sich dann oft auf Umwegen und auf eine unangemessene Art und Weise, die wirklichen Schaden anrichten kann. Es ist so wie in dem bekannten Klischee des Mannes, der während der Arbeit von seinem Chef angeschrien wird, nach Hause kommt und seinen Hund tritt. Nur allzu häufig sind es die kleinen, eigentlich belanglosen Dinge, die uns belasten und die – wenn wir sie nicht jemandem erzählen können, der daran wirklich Anteil nimmt – dazu führen können, daß wir am Ende unserem Partner das Leben schwermachen.

Es ist wichtig, sich daran zu erinnern, daß die Menschen und Dinge, die sich außerhalb des geschützten Raumes Ihrer vertrauten Zweisamkeit befinden, einen sehr großen Einfluß auf Ihre Beziehung haben können. Statt der Vorstellung zu unterliegen, daß Sie mit all den kleinen Belastungen und Enttäuschungen allein fertig werden können, sollten Sie sie in Ihrer Partnerschaft offen auf den Tisch legen, Trost annehmen und sie anschließend loslassen. Auf diese Weise schaffen Sie statt fehlgelenktem Ärger, der sich durch die Prüfungen des Lebens ansammeln kann, in Ihrer Beziehung mehr Platz für die Liebe. Und wenn wir schon nicht in kleinen Dingen aneinander Anteil nehmen können, wie sollten wir dann in der Lage sein, uns in den Tragödien des Lebens Trost zu spenden?

Verhandeln Sie über die „irdischen Dinge"

Eines der Probleme mit dem Leben ist seine Alltäglichkeit. Früher oder später stellen sich in jeder Beziehung Fragen wie: „Wer bringt den Müll raus?"

Zu den höheren Pflichten in der Liebe zählt, der Tatsache ins Auge zu sehen, daß jede Beziehung auch eine scheinbar endlose Anzahl von alltäglichen Aufgaben umfaßt. Denn dadurch erkennen wir an, daß die Liebe – eine transzendente Erfahrung – in der materiellen Welt geschieht. Dies zu akzeptieren ist bereits in sich ein liebevoller Akt, denn wir geben damit zum Ausdruck, daß wir um unserer Liebe willen bereit sind, uns dazu herabzulassen, alle in Frage kommenden langweiligen und lästigen Aufgaben mit Wohlwollen zu erledigen.

Eine weitere Gefahr in der Alltäglichkeit des Lebens besteht darin, daß wir dazu tendieren könnten, diese Pflichten als Folgeerscheinung unserer Beziehung statt des Lebens selbst anzusehen. Wir könnten in Versuchung kommen, dem anderen die Schuld für die unangenehmen Seiten des Alltags zu geben – gerade so, als ob wir das Bett nicht machen, keine Wäsche waschen, uns nicht um den explodierten Wasserkocher kümmern oder das kaputte Auto nicht reparieren müßten, wenn wir alleine wären. Wir werden auch leicht unvernünftig und widerwillig, wenn wir Dinge tun müssen, die wir nicht gerne tun, oder die Aufgaben unseres Partners übernehmen müssen.

In einer Beziehung dürfen wir jedoch nicht davon ausgehen, daß sich derartige Kleinigkeiten von selbst erledigen werden oder daß unser Partner (oder wir selbst) aus reiner Liebe und ohne zu murren alles tun wird.

Wahre Liebe weiß statt dessen, daß das Geschirr abgewaschen werden muß, und ist bereit, darüber zu verhandeln. Wahre Liebe ist dankbar dafür, daß die Last gemeinsam getragen werden kann.

Das bedeutet, darüber zu sprechen, herauszufinden, wer was erledigen wird, eine Liste anzufertigen und nicht darauf zu warten, daß die Heinzelmännchen kommen und alles für uns erledigen. In diesen Verhandlungen müssen wir kompromißbereit sein – zum Beispiel klaglos akzeptieren, daß der andere die Toilette vielleicht nicht so sauber machen wird, wie wir es täten, und auch bereit dazu sein, gewisse Aufgaben zu erledigen (wie seine schmutzigen Arbeitshosen zu waschen), die wir nicht tun müßten, wenn wir allein leben würden.

Über irdische Dinge zu verhandeln bedeutet, daß Sie das schmutzige Geschirr und die vollen Mülleimer im Leben akzeptieren und gemeinsam entscheiden, auf welche Art die Arbeit erledigt wird. Statt immer wieder Anlaß zu Streitereien zu geben, können dann die Alltagspflichten in den Hintergrund rücken, damit Sie sich den wirklich wichtigen Dingen widmen können – wie zum Beispiel den Sinn des Lebens zu finden oder sich zu lieben.

Ihre Lebensumstände können Ihren Partner belasten

Bereits die Tatsache, daß wir so sind, wie wir sind, macht uns für unseren Partner zu einer Belastung. Unabhängig davon, wer wir sind – ein berühmter Schauspieler, eine Mutter von fünf Kindern, die zum zweiten Mal verheiratet ist, ein Student, der kurz vor seinem Diplom steht, ein Diabetiker oder jemand, der zu ganz außergewöhnlichen Zeiten arbeitet –, treten wir alle mit einer langen Reihe von äußeren Umständen im Schlepptau in eine Beziehung, die es in manchen Fällen schwierig machen, uns zu lieben. Stiefkinder, kranke Eltern, kaputte Autos, verrückte Schwestern – bei uns allen finden sich Gegebenheiten, die es für den Menschen, der uns gewählt hat, zu einer Belastung machen, uns zu lieben.

Die traurige Wahrheit ist, daß die meisten von uns zu viele Verpflichtungen und zuwenig Zeit haben. Wir möchten unseren Liebling gar nicht damit zum Wahnsinn treiben, daß wir an zehn Abenden hintereinander an geschäftlichen Besprechungen teilnehmen müssen oder daß wir zwanzig Anzüge quer über den Schlafzimmerfußboden verstreut liegenlassen, weil wir keine Zeit haben, sie aufzuhängen, oder daß wir sechs Tage lang Zahnschmerzen haben – und doch tun wir es. Auf solche und unzählige andere Arten mißbrauchen wir den Partner, ohne es zu wollen. Wir alle verlangen zuviel voneinander – in gewissem Sinne bitten wir uns ständig gegenseitig, das Unmögliche zu tun.

Unser Partner ist aufgrund der Zuneigung, die er oder sie für uns empfindet, bereit, sich mit diesem ganzen alltäglichen Unsinn abzugeben. Aber in Wahrheit müssen wir auf die Schwierigkeiten achten, die wir dem anderen verursachen, uns dafür entschuldigen und dankbar sein, daß er oder sie das mitmacht. Es ist so leicht, aus einer Abwehrhaltung oder einem Schuldgefühl heraus zu reagieren, zu denken oder zu sagen: „Es kann doch gar nicht so schwer sein, mit meiner kranken Mutter auszukommen" oder „Er sollte sich nicht darüber beschweren, daß ich soviel arbeiten muß."

Statt dessen sollten wir uns zu all diesen Dingen wirklich offen bekennen. Seien Sie bereit, zuzugeben, daß Ihr Lebensstil und Ihre Unternehmungen tiefgreifende Auswirkungen auf Ihre Beziehung haben. Wenn wir immer daran denken, in welchem Maße wir den anderen überbeanspruchen und dementsprechend zueinander sagen: „Bitte, ertrag es mit mir" oder „Danke, daß du es mit mir und meinem unmöglichen Zeitplan aushältst" oder einfach nur „Es tut mir leid", werden daraus – inmitten dieser belastenden Situationen – Augenblicke entstehen, in denen wir für die maßlose Großzügigkeit und die Nachsicht, die wir füreinander haben, dankbar sind. Die Härten, die wir für den Partner darstellen, sind auf diese Weise weniger irritierend, trennend und destruktiv und werden zu Gelegenheiten, um die Intimität zu vertiefen. Wenn wir zugeben, was wir dem anderen alles auferlegen und von ihm fordern, kann unser Partner das Unerträgliche ertragen, und es wird dadurch eine neue Art der Verbindung zwischen uns geschaffen.

Bleiben Sie in Kontakt

In einer Zeit der übermäßigen Geschäftigkeit und der überfüllten Terminpläne ist es wirklich recht einfach – manchmal sogar über Tage hinweg –, den Kontakt zu dem Menschen zu verlieren, den man liebt. Aus diesem Grunde sollten wir uns darum bemühen, nicht nur ständig die Übersicht über unsere Verpflichtungen und Pläne zu behalten, sondern auch mit unserem Partner in Tuchfühlung zu bleiben.

In Kontakt zu bleiben bedeutet, daß Sie Ihren Partner voller Rücksichtnahme über Ihr Leben und Ihre Zeiten – Ihren Terminplan, Ihre Verpflichtungen sowie die Veränderungen im üblichen Tagesablauf und Ihren Plänen – informiert halten. Es gibt zum Beispiel kaum etwas Schlimmeres als eine Situation, in der Ihr Kind krank ist und sie Ihren Partner nicht finden können. Oder wenn Ihr Partner sagt, er käme um 18 Uhr, und dann erscheint er zwei Stunden später. Oder wenn Sie sich vornehmen, ein Wochenende gemeinsam zu verbringen, und sie Ihnen in letzter Minute erklärt, daß sie nur am Sonntag zwischen 14 und 16 Uhr Zeit hat. Natürlich gibt es Notfälle und Ausnahmen, doch wenn Sie vereinbaren, daß Sie sich gegenseitig soviel und so bald wie möglich informieren, schonen Sie sich dadurch gegenseitig, so daß die irritierenden Ausnahmen eher ertragen werden können.

In Kontakt zu bleiben sollte allerdings noch mehr beinhalten als nur einen Austausch von Informationen über Termine. Es bedeutet auch, Mittel und Wege zu finden, um beiderseitig und regelmäßig Ihre Zuneigung zum Ausdruck zu bringen – unabhängig davon, wie beschäftigt Sie sind. So sagen Sie Ihrem Partner immer wieder, daß er es ist, zu dem Sie nach Hause kommen möchten, beziehungsweise daß sie es ist, die Sie verehren.

Ein mir bekanntes Ehepaar führt ein Buch, das auf dem Wohnzimmertisch liegt. Wenn einer der beiden fort muß, so wird er oder sie nie gehen, ohne eine Liebesbotschaft für den anderen zu hinterlassen. Sie sind bereits seit acht Jahren verheiratet, und das Buch ist eine aufrichtige Aufzeichnung eines Alltags, der von Rücksichtnahme und Liebe geprägt ist.

Eine Frau, die geschäftlich viel unterwegs ist, verläßt niemals die Stadt, ohne einen Liebesgruß für ihren Mann auf seinem Kopfkissen zu hinterlassen. Und er versäumt es nie, sie nach einer dieser Reisen zu Hause mit einem Blumenstrauß neben ihrem Bett zu begrüßen.

Wieder eine andere Frau hat einen Platz am Rahmen der Hintertür, an den sie einen Willkommensgruß für ihren Mann heftet. Ein Mann, dessen Arbeit ihn häufig wochenlang außer Landes führt, schickt jeden Tag eine Postkarte nach Hause. Es stehen immer die gleichen Worte darauf: „Ich hätte eine wunderbare Zeit hier – wenn du bei mir wärest." Ein anderer Mann, ein vielbeschäftigter Rechtsanwalt, ruft jeden Tag zu Hause an, um seiner Frau zu sagen: „Habe ich dir heute schon gesagt, daß ich dich liebe?" Diese unscheinbaren, kleinen Gesten können für unser Herz einen großen Unterschied machen – besonders in unserer so von Verpflichtungen geprägten Welt.

In Kontakt zu bleiben ist das Gegenteil davon, daß man seinen Partner als selbstverständlich hinnimmt. Es bedeutet, Ihren Partner als etwas ganz Besonderes zu behandeln und sich selbst daran zu erinnern, daß auch Ihre Zuneigung etwas Besonderes ist.

Nehmen Sie sich Zeit für Nähe

Viel zu oft gehen wir mit unseren Beziehungen so um, als wären sie Autos, die ohne Benzin fahren können. Wir erwarten, daß sie gut aussehen, uns ein sicheres Gefühl vermitteln, unser Selbstbild stärken und uns zu unserem Ziel bringen – und all das ohne eine grundlegende Wartung.

Lassen Sie nicht zu, daß Ihrer Beziehung die Luft ausgeht. Die Zeit, die wir miteinander verbringen, ist der „Treibstoff" einer guten Beziehung. Sich Zeit zu nehmen bedeutet zu verstehen, daß eine Beziehung vom Austausch der Gedanken und Gefühle lebt und daß man die Verpflichtung eingeht, sich die Zeit dafür zu nehmen, und nicht nur erwartet, daß die Beziehung einen mit allem versorgt, was man benötigt: Sex, Freundschaft, emotionaler Trost, das gemeinsame Großziehen von Kindern oder finanzielle Sicherheit.

Zeit für Nähe kann alles mögliche heißen – angefangen von einem fünfminütigen Treffen zu einer bestimmten Zeit (am Frühstückstisch, beim Abendbrot, kurz vor dem Einschlafen), wobei die grundlegenden Dinge des Tages besprochen werden, bis hin zu einer täglichen Zusammenkunft, die 20 Minuten oder länger dauert, wobei jeder Partner die Möglichkeit hat, sich auf einer komplizierteren Ebene mitzuteilen. Letzteres gibt beiden Partnern die Gelegenheit, sich tiefer miteinander auszutauschen, ihre Ängste, ihre Ziele, ihre weiteren Absichten und täglichen Frustrationen und Freuden zu offenbaren. Während dieser Zeit können Sie erzählen, was Sie verletzt oder enttäuscht hat (sowohl innerhalb als auch außerhalb der Beziehung), einander ermutigen und Pläne schmieden.

Sich Zeit für Nähe zu nehmen bedeutet auch, Gelegenheiten für andere schöne Momente in der Beziehung zu schaffen: ein Spaziergang am Strand oder im Schnee um den Häuserblock, ein zurückgezogenes Wochenende in der Wüste oder in den Bergen oder einfach im Hotel um die Ecke. Es bedeutet auch, die Möglichkeit zu schaffen, sich in aller Ruhe körperlich zu lieben, einen ganzen Tag im Bett zu verbringen, es sich gemeinsam auf dem Sofa gemütlich zu machen, sich ausgiebig zu küssen oder beim Abendessen Händchen zu halten.

Offen gesagt bin ich der Ansicht, daß eine Beziehung sich dann aufzulösen beginnt, wenn man sich nicht 20 bis 30 Minuten am Tag Zeit nimmt, um sich nahe zu sein. Wenn Sie in Ihrer Beziehung Zeit für Nähe einräumen, bedeutet dies, daß Sie sich großzügig Zeit für die Erfüllung der angenehmen und grundlegenden Bedürfnisse im Rahmen einer Beziehung nehmen.

Lassen Sie die Romantik
wieder aufflammen

Romantische Gefühle sind der Champagner und die eisgekühlten Gläser der Liebe. Sie sind der Zauber, durch den eine Beziehung so aufregend wie ein Tango wird, einen unvergeßlichen Duft bekommt, und sie sind der Wunschtraum, den wir in unserem Herzen tragen. Romantik ist das Gegenmittel für das Gewöhnliche, sie inspiriert unsere Leidenschaft. Immer dann, wenn Sie Romantik in Ihre Beziehung bringen, gelangen Sie ganz unvermittelt in einen weitaus schöneren Seinszustand. In den höheren romantischen Sphären fühlen wir uns schön, gutaussehend, das Leben erscheint vielversprechend, der Mond, die Sterne und die Planeten baden uns in Kaskaden aus wohltuendem Licht, und wir glauben, daß alles möglich ist: unsere süßesten, wildesten und innigst gehegten Wünsche werden sich sicherlich erfüllen.

Zumindest fühlen wir uns so im rosigen Glanz einer neuen Liebe. Ohne unser Zutun bleibt dieses romantische Empfinden jedoch leider nicht bestehen. Die Zeit vergeht, und es bedarf der Anstrengung, Erfindungsgabe, Intuition und manchmal sogar der Bereitschaft, sich wie ein Narr zu fühlen, um den Zauber des Mondscheins aufrechtzuerhalten. Das kommt daher, daß wir irgendwo auf unserem Weg – ohne es zu merken – aufhören, die Dinge zu tun, die die romantischen Gefühle überhaupt erst aufkommen ließen: wir vergessen, die langstieligen Rosen mitzubringen, liebliche Worte zu flüstern, die Lichter an (oder aus) zu lassen, wir tauschen die schwarze Seidenunterwäsche gegen Flanellschlafanzüge ein. Kurz gesagt, wir beginnen miteinander wie mit Zimmergenossen statt wie mit feurigen Liebhabern umzugehen.

Doch können wir alle diese romantischen Gefühle auch weiterhin füreinander empfinden – unabhängig davon, wie lange wir bereits zusammen sind. Stellen Sie die Gläser auf Eis. Denken Sie an die Rosen. Bauen Sie den neuen Dimmer ein, zünden Sie Kerzen an, vergessen Sie, daß das Wachs auf den Tisch tropfen könnte, und legen Sie die Musik auf, die Sie damals auf Ihrer Hochzeitsreise zum erstenmal gehört haben. Beziehen Sie das Bett mit roten Bezügen. Fahren Sie auf einen Berg, um einen Sonnenuntergang zu beobachten, und küssen (und küssen und küssen…) Sie sich im Auto.

Hin und wieder spielt Paul Sonja einen romantischen SOS-Streich. Er ruft sie von irgendwoher an, sagt, daß er Probleme mit seinem Auto hat, und bittet sie darum, ihn abzuholen. Wenn sie ankommt, stellt sich heraus, daß er in der Nähe irgendeines Hotels „liegengeblieben" ist. Er überreicht ihr ein wunderschön verpacktes Geschenk – eine Kette oder ein neues, sinnliches Negligé. Er hat ein Zimmer für sie reserviert und bestellt das Abendessen über den Zimmerservice. Nach dem Essen gehen sie tanzen, und anschließend geben sie sich einander leidenschaftlich hin.

Wenn es darum geht, die romantischen Gefühle wieder aufflammen zu lassen, müssen Sie kreativ sein, auch wenn Sie anfangs schüchtern sind oder sich verlegen fühlen. Denken Sie daran: Als Sie sich frisch verliebten, brachten Sie all diese Liebesbriefe und Liebeslieder auch nicht in Verlegenheit. Übung macht den Meister – auch in der Kunst des Liebens. Je mehr Sie die Grenzen dessen, womit Sie sich noch wohl fühlen, erweitern, um so erfinderischer werden Sie sein – besonders, wenn Ihr Partner positiv auf Ihre anfänglichen Bemühungen reagiert. (Und wenn Sie es sind, dem oder der diese Bemühungen gelten, sollten Sie sich unbedingt verzaubern lassen. Denn wenn Sie das tun, werden Sie sicherlich mehr Romantik in Ihrem Leben erfahren.)

Was auch immer Ihre besonderen romantischen Vorlieben sein mögen, Sie sollten sie auf alle Fälle sooft wie möglich ausleben. Verpassen Sie keine Gelegenheit, ihnen nachzugehen. Wie die Liebe ist auch die Romantik eine Kunst – eine besondere Form von Kunst, die Ihre Beziehung verschönern und die Leidenschaft in ihr immer wieder aufs neue entfesseln wird.

Achten Sie auf Ihre Worte

Nachdem seine Frau Christa ihm jahrelang durch unentwegte Arbeit und ihre unendliche Geduld geholfen hatte, seine Forschungen zu betreiben und seine Doktorarbeit zu schreiben, sagte Thomas während einer Auseinandersetzung unüberlegt: „Ich brauche dich nicht. Du hast sowieso noch nie etwas für mich getan." Christa war am Boden zerstört. Sie erzählte mir im nachhinein, daß sie das Gefühl gehabt hatte, als wäre in ihr eine Bombe explodiert. Sie ging ins Schlafzimmer, holte einen Koffer hervor, packte ein paar Sachen zusammen und zog in ein Hotel. Erst nach monatelangen Gesprächen und einer Therapie versöhnten sich die beiden wieder.

Was können wir daraus lernen? Achten Sie auf Ihre Worte. Nur weil Sie sich ärgern und das Ganze in einen Streit ausartet, ist das noch lange kein Grund, die Persönlichkeit Ihres Partners mit Füßen zu treten. Worte können zwar keine Knochen brechen, aber sie können tiefe und in manchen Fällen unheilbare innere Wunden verursachen. Bemerkungen über die Intelligenz, den Körper, den Wert oder die Liebesfähigkeit Ihres Partners (ganz zu schweigen von Vergleichen mit ehemaligen Liebhabern oder Liebhaberinnen, Partnern oder Ehegatten) können Ihren Partner zutiefst erschüttern. Es wäre uns lieber, daß etwas, das in Wut gesagt wird, keine nachhaltige Wirkung haben könnte, doch es ist so. Spitze Bemerkungen können so zerstörerisch sein, daß sie dauerhaft das Selbstwertgefühl des anderen Menschen ankratzen oder unwiderruflich dem guten Willen innerhalb einer Beziehung schaden können.

Vermeiden Sie daher bösartige, unverdiente Bemerkungen wie: „Dann laß dich doch scheiden!" „Ich gehe." „Du hast mich ja sowieso nie geliebt." „Ich hasse deine Kinder!" „Ich hasse dieses Haus!" „Ich hasse mein Leben." „Du hast mich noch nie verstan-

Daphne Rose Kingma

den." „Du bist zu dick." „Ich glaube, ich gehe jetzt am besten und suche mir den perfekten Mann. Er wird mich wenigstens zu schätzen wissen." „Ich glaube, ich gehe wieder zu Susi zurück. Sie wußte wenigstens, was Sex ist."

Eine Beziehung kann immer auf den kleinsten gemeinsamen Nenner sinken. Wenn Sie es sich also erlauben, sich in derartig verletzenden Angriffen zu ergehen, werden Sie Ihre Beziehung augenblicklich auf die Ebene des „Wie du mir, so ich dir" bringen. In jedem Fall wird dadurch ein Haufen Müll auf den Weg zur wahren Kommunikation gekippt, und potentiell können Sie damit Ihre Beziehung zerstören.

Ob es uns bewußt ist oder nicht – wir alle haben einen grausamen sechsten Sinn, wenn es um Worte geht, die unseren Partner wirklich verletzen können. Wir alle kennen jene empfindliche, verletzliche Stelle, die Achillesferse, an der er oder sie tödlich getroffen werden kann. Daher müssen wir aufpassen, was wir sagen. Denken Sie zweimal oder auch ein dutzendmal nach, zählen Sie bis zehn oder bis hundert, bevor Sie den einen Satz sagen, der die größtmögliche Verletzung hervorrufen würde.

Liebevolle Gesten zum Abschied und Wiedersehen

Erinnern Sie sich noch, wie es war, als Sie gerade frisch verliebt waren und es gar nicht abwarten konnten, einander wiederzusehen, seine Hand zu halten oder ihre Lippen zu küssen? Und wie jede Trennung eine Qual war, ein Schmerz, der so lange wie möglich hinausgeschoben wurde? Nur weil das Feuer einer neuen Liebe sich in der Zwischenzeit in die Glut der wahren Liebe verwandelt hat, heißt dies nicht, daß Sie kein Bedürfnis mehr danach verspüren dürfen, jede Trennung und jedes Wiedersehen mit liebevollen Ritualen zu begehen.

Wenn eine liebevolle Willkommensgeste unser Wiedersehen begleitet, bestätigen wir damit, daß wir erneut in die Gegenwart und den geistigen Raum des Menschen eintreten, den wir lieben, und daß wir das mit Freude tun. Wenn wir mit einer besonderen Abschiedsgeste auseinandergehen, besiegeln wir unsere Beziehung auf liebevolle Weise und zeigen, daß wir den anderen nicht als etwas Selbstverständliches betrachten.

Wenn Sie daher auf Geschäftsreise gehen, sollten Sie nicht einfach Ihre Sachen packen und verschwinden. Denken Sie daran, Ihren Partner in die Arme zu nehmen, und sagen Sie ihm, daß Sie ihn oder sie vermissen werden. Wenn Sie zur Tür hereinkommen, sollten Sie Ihren Aktenkoffer abstellen und sich die Zeit für einen Begrüßungskuß nehmen. Schlendern Sie nicht einfach mit einem „Ich bin wieder da" auf den Lippen zur Tür herein, nur um gleich ins Arbeitszimmer zu gehen oder die Post durchzusehen. Wenn Sie als erster zu Hause sind, sollten Sie nicht einfach auf dem Sofa liegen und sich völlig auf den Fernseher konzentrieren, ohne auch nur „Hallo" zu sagen, wenn Ihr Partner nach Hause kommt. Unterbrechen Sie das, was Sie gerade tun, stellen Sie einen Kontakt her, küssen Sie sich, nehmen Sie sich in den Arm, schauen Sie sich in die Augen, nehmen Sie seine oder Ihre Seele in sich auf.

Und eröffnen Sie den gegenseitigen Austausch beim Wiedersehen nicht mit Worten wie: „Warum hast du so lange gebraucht?" oder „Warum ist das Essen noch nicht fertig?" Bevor Sie zu den Tatsachen und Anforderungen des Alltags übergehen, sollten Sie innehalten und dem Menschen, den Sie sich als Ihren Lebenspartner ausgewählt haben, ein Zeichen der Anerkennung geben.

Wir müssen so handeln, um uns selbst daran zu erinnern, daß wir – mehr als durch alles andere – durch Liebe miteinander verbunden sind und daß es die Liebe ist, die bleibt, wenn der Arbeitstag vorüber ist. Die Liebe ist es, zu der wir zurückkehren. Auch wenn wir nicht die Zeit oder die Möglichkeit haben, sehr lange oder tief in Liebe miteinander zu verweilen, sind die Küsse und Umarmungen beim Auseinandergehen und beim Wiedersehen lebendige Symbole der Absicht in unserem Herzen, unseres Wunsches, lange und voller Liebe zusammen zu sein.

Wenn Ihnen all diese Küsse und Umarmungen lächerlich vorkommen, sollten Sie daran denken, daß Sie nie wirklich wissen können, ob Sie sich jemals wiedersehen werden. So betrachtet, ist auch das unbedeutendste Wiedersehen ein kleines Wunder.

Führen Sie Auseinandersetzungen konstruktiv

Keine Beziehung ist ohne Konflikte, denn es gibt immer unterschiedliche Meinungen, Vorlieben oder eingeschlagene Richtungen. Eine Beziehung ist nur so gut wie die Konflikte, die sie tragen kann. Damit meine ich, daß eine Beziehung nur in dem Maße lebendig ist, wie sie dem Druck standhalten kann, der aus den individuellen Unterschieden entsteht, welche sie durch gesunde Auseinandersetzungen auf eine Weise lösen kann, die es der Beziehung und den Partnern ermöglicht, sich zu größerer Echtheit hin zu entwickeln.

Viele von uns fürchten Auseinandersetzungen, da wir nie gelernt haben, uns zu streiten. Wir haben Angst davor, daß unser Ärger mit uns durchgehen, daß wir die Kontrolle verlieren und bösartig, abfällig oder sogar gewalttätig werden könnten. Auch vor der Wut des anderen haben wir Angst – wird er oder sie schreien, mit Sachen werfen, die Tür zuknallen oder gehen? Solche Dinge können vorkommen. Sie können sogar eine ernstliche Gefahr darstellen – besonders für jemanden, der selbst von einem zornerfüllten Menschen mißhandelt worden ist. Aber auch solche Menschen können lernen, ihren Ärger auf eine konstruktive Weise zum Ausdruck zu bringen.

Wenn Sie beide das Gefühl haben, daß Sie etwas verstanden haben oder einander nun besser kennen, ist dies ein Anzeichen für eine positive Auseinandersetzung. Auch wenn Sie sich immer wieder über die gleichen Dinge streiten (und das ist meistens der Fall), gibt Ihnen eine faire Auseinandersetzung Hoffnung für die Zukunft, weil Sie nun etwas besser verstehen, was Sie bislang vor den Kopf gestoßen oder frustriert hat.

Folgende Methode kann Ihnen helfen:

1. Versuchen Sie herauszufinden, worüber Sie sich ärgern. Normalerweise ist es etwas ganz Bestimmtes. „Daß du nicht angerufen hast" und nicht „Weil das Leben so schrecklich ist".

2. Sagen Sie, wie Sie sich fühlen und warum das so ist: „Ich ärgere mich, weil du nicht angerufen hast und mir dies das Gefühl gibt, daß du mich nicht liebst."

3. Sagen Sie, was Sie als Wiedergutmachung brauchen: „Ich möchte, daß du dich dafür bei mir entschuldigst."

4. Nachdem Ihr Partner sich entschuldigt hat, fragen Sie sich gegenseitig, ob jetzt alles wieder in Ordnung ist.

5. Geben Sie sich einen Kuß, und vertragen Sie sich wieder.

Hier ist ein Beispiel: „Ich bin wütend, weil du mich dafür angeschrien hast, daß ich den Wasserkessel ohne Wasser auf der heißen Herdplatte stehen ließ. Du hast mich vor Karin in Verlegenheit gebracht. Es war demütigend, daß sie dich so hat mit mir sprechen hören. Ich möchte, daß du dich dafür bei mir entschuldigst."

„Es tut mir leid, Liebling. Ich hatte es heute morgen so eilig und war nervös wegen der großen Versammlung. Ich war nicht ich selbst. Ich wollte nicht, daß du dich so fühlst. Bitte, verzeih mir."

Dieser „Streit" würde natürlich den ersten Preis für die zivilisierteste Auseinandersetzung des Jahres gewinnen. Sie werden wahrscheinlich mit all den aufgebrachten Gefühlen und Ihrer gesamten Frustration darüber, wie oft diese verhaßte Sache schon vorgekommen ist – ganz zu schweigen davon, daß auch Sie nur ein Mensch sind –, nicht immer in der Lage sein, ein solches Maß an Großmut aufzubringen. Versuchen Sie jedoch auf alle Fälle, sich an folgende Punkte zu erinnern: 1. Eine positive Auseinandersetzung ist keine wilde Schlägerei. Sagen Sie nicht alles, was Ihnen auf der Zunge liegt, auch wenn Sie zu Recht wütend sind. Denken Sie daran, daß Worte sehr verletzend sein können und daß Sie nicht möchten, daß Ihr Partner nach der Auseinandersetzung am Boden liegt. 2. Grenzen Sie Ihre Beschwerden ein. Bringen Sie nicht alles vor, was Sie seit Anbeginn der Zeit belastet. 3. Lassen Sie die Worte des anderen auf sich wirken, bevor Sie für sich Partei ergreifen. Denken Sie daran, daß Sie sich streiten, um etwas zu lernen, daß Sie sowohl neue Einsichten suchen als auch eine unmittelbare Lösung finden wollen. 4. Seien Sie mit sich und Ihrem Partner nachsichtig, wenn Sie noch nicht in der Lage sind, „perfekte" Auseinandersetzungen zu führen.

Lassen Sie das schmutzige Geschirr
in der Küche

Wenn Sie sich streiten, sollten Sie das schmutzige Geschirr in der Küche lassen. Damit meine ich, daß Sie nicht grundlos Dinge in die momentane Auseinandersetzung fließen lassen sollten, die nichts damit zu tun haben – alle Beschwerden, die Sie seit Anbeginn der Zeit vorzubringen hatten, irgend etwas Uraltes von vor 16 Jahren oder das Gemeinste und Niederträchtigste, was Ihnen gerade in den Sinn kommt.

Es hat keinen Sinn, bei jeder Auseinandersetzung alles auf den Tisch zu bringen. Sie bewirken damit rein gar nichts, außer daß Sie den Ärger schüren und in Ihrem Partner einen Abgrund von Angst und Schmerz erzeugen. Aber wenn Sie die Genugtuung hatten, das Geschirr gegen die Wand geschmissen zu haben, könnte es Sie einige Zeit kosten, nach diesem Auftritt alles wieder in Ordnung zu bringen.

Bemühen Sie sich daher – unabhängig davon, worüber Sie so wütend sind –, der Versuchung zu widerstehen, sich völlig gehen zu lassen oder ihm oder ihr wirklich „eins auszuwischen". Stellen Sie sich folgende Fragen:

1. *Muß ich das wirklich sagen?* Das heißt: Muß diese schreckliche, wütende, abwertende, vernichtende Bemerkung wirklich gemacht werden? Wird sie die augenblickliche Situation verbessern? Ist es beispielsweise aus irgendeinem Grund sinnvoll, jetzt zu sagen, daß Sie nicht nur der Meinung sind, daß Ihr Liebesleben zur Zeit entsetzlich ist, sondern daß es bereits seit zehn Jahren so ist? Werden diese oder ähnliche Bemerkungen die Weiterentwicklung des anderen oder Ihre eigene beschleunigen? Oder wäre es nur ein Schwelgen in aufgebrachten Gefühlen, die nach Entladung drängen?

2. *Muß ich das* jetzt *sagen?* Die Kritik, die Sie im Moment loswerden möchten, könnte einige sehr wertvolle Punkte enthalten,

die wirklich zum Ausdruck gebracht werden müssen. Doch – ist dies der richtige Zeitpunkt dafür? Werden Sie damit Protest oder eine nützliche Reaktion hervorrufen?

Bevor wir mit unseren verbalen Maschinengewehren aufeinander losfeuern, ist es wichtig, daß wir erforschen, wieviel Reife das besitzt, was wir so emotionsgeladen in Worte kleiden wollen. Wir sollten bedenken, daß etwas nicht unbedingt auf die Art und Weise und in dem Augenblick, in dem wir uns danach fühlen, gesagt werden muß, nur weil uns der Sinn danach steht. Denken Sie daran, daß eine Beziehung etwas Wertvolles ist und es verdient hat, erhalten zu werden. Suchen Sie sich einen passenderen Zeitpunkt und eine angemessenere Art und Weise, Ihre Gefühle zum Ausdruck zu bringen, damit Ihre Beziehung weiter wachsen kann, statt ausgehöhlt zu werden.

Erinnern Sie sich an die ersten Tage
Ihrer Beziehung

Im Auf und Ab des Alltags ist es in der Tat leicht zu vergessen, warum wir einander lieben: sie ist zum sechsten Mal hintereinander spät abends nach Hause gekommen, er ist schon wieder schlecht gelaunt und mürrisch gewesen, und es scheint bereits mehr als zehn Wochen her zu sein, seitdem zum letzten Mal ein nettes Wort verloren wurde. In solchen Zeiten müssen wir uns an die romantischen Tage erinnern, als wir frisch verliebt ineinander waren.

Um Ihre Beziehung zu nähren und wieder aufzufrischen, sollten Sie von Zeit zu Zeit an die schönen Stunden Ihrer erblühenden Liebe denken. In jeder Beziehung gibt es diese berauschenden, romantischen ersten Wochen oder Monate – der Spaziergang am Kai bei Sonnenuntergang, das tränenüberströmte Gesicht beim Abschied am internationalen Flughafen und die verstohlenen Küsse, als Ihre Liebe noch ein Geheimnis war. Diese Erfahrungen sollten Sie sich gemeinsam ins Gedächtnis rufen.

„Ich sah sie im Garten des Hauses spazierengehen, in dem ich zu Besuch war. Ihre Bewegungen zogen mich so in ihren Bann, daß mir klarwurde, daß ich sie heiraten mußte. Ich wollte sie einfach immer sehen können."

„Er lud mich ein, mit ihm wandern zu gehen. Wir begannen den Berg zu erklimmen. Ich verstauchte mir den Knöchel und wäre beinahe hingefallen. Doch in dem Moment fing er mich auf. ‚Hab' ich dich', rief er. Ich ließ mich in seine Arme fallen und fühlte mich völlig geborgen. Ich spürte seine grenzenlose Güte und dachte insgeheim: ‚Er ist ein wundervoller Mann – und ich bin gerade dabei, mich in ihn zu verlieben.'"

Einfach dadurch, daß wir miteinander über diese Erinnerungen sprechen, können wir jene wunderschönen Gefühle wieder beleben – besonders, wenn Sie es auf eine Art und Weise tun, die Sie näher zusammenbringt und nicht auf die „Weißt-du-noch-wie-du-mich-früher-500-Mal-am-Tag-geküßt-hast-und-heute-küßt-du-mich-gar-nicht-mehr"-Tour. Aus welchem Grund auch immer Sie sich ineinander verliebten: Wenn Sie daran zurückdenken, werden Sie die Ausdauer und den seelischen Großmut entwickeln, weiterzumachen und erkennen, daß es tatsächlich einen guten Grund gibt, warum Sie dies alles über sich ergehen lassen.

Eine Beziehung, die mit der Zeit abgedroschen und schal geworden ist, kann im Nu durch die Erinnerung daran, was beide zu Beginn verzaubert hat, wiederbelebt werden. Das, was uns am Anfang zueinander hingezogen hat, war mächtig und wahrhaft. Wir können es jedoch mit der Zeit aus den Augen verlieren. Wenn Sie sich jene Momente, als Sie sich verliebten, wieder bewußt machen, können Sie das, was Sie zusammengebracht hat, genauso stark werden lassen wie die Dinge, die Ihre Beziehung momentan belasten.

Denken Sie deshalb daran, warum Sie sich verliebt haben, und der Zauber wird wiederkehren.

Seien Sie bereit, einzulenken

Besonders in Auseinandersetzungen, in denen der Ärger bereits hochgestiegen ist, neigen wir alle dazu, stur zu sein, verbissen auf unserer Position zu beharren und um nichts in der Welt nachzugeben.

In jeder Beziehung, die älter als drei Wochen ist, gibt es mit großer Wahrscheinlichkeit bereits Gründe, sich wieder zu trennen. Auf die eine oder andere Weise tun wir alle eine Menge Dinge, die den anderen stören, irritieren, verletzen und ihm das Herz brechen. In der Liebe und im Krieg ist alles erlaubt ... dieses Sprichwort besagt auch, daß es sowohl in der Liebe als auch im Krieg unzählige Arten von Mißbrauch und Regelverletzungen gibt. Darüber sollten wir uns lieber nichts vormachen.

Gerade weil Liebe uns unendlich verletzen kann, können wir in einer festgefahrenen Situation mit unserem Partner das Gefühl bekommen, daß unsere Grenzen bei weitem überschritten sind und daß wir, um unsere Würde zu wahren, unsere geistige Gesundheit zu erhalten und unsere Haut zu retten, absolut nicht nachgeben, aufgeben oder einlenken dürfen.

Sturheit ist in der Tat eine Selbsterhaltungstaktik, und das zu Recht, denn wir sollten wirklich keine Verhaltensweise dulden, die einen ernsten Übergriff darstellt. Doch Sturheit kann auch dem Fortschritt im Wege stehen, wenn wir uns sogar dann weigern nachzugeben, wenn wir es der Beziehung wegen tun sollten.

Wenn Sie sich ausgebeutet, mißbraucht oder ignoriert fühlen, können solche festgefahrenen Positionen wie: „Ich habe recht", „Nein, *ich* habe recht", „Sei doch etwas freundlicher zur mir", „Nicht bevor *du* freundlich zu mir bist", „Es ist alles deine Schuld", „Was meinst du damit – es ist *deine* Schuld" Ihre Beziehung in eine fürchterliche Abwärtsspirale lenken, von der sie sich vielleicht nie wieder erholen wird.

Eine Sackgasse ist kein sonderlich kreativer Ort. Wir können nichts erreichen, verzeihen, auflösen oder verbessern, wenn wir Kopf an Kopf stehen und jeder sich weigert, von der Stelle zu weichen. Wir können keinen Fortschritt erwarten, wenn nicht einer der beiden Ziegenböcke, die mit ihren Hörnern ineinander verkeilt sind, den ersten Schritt tut, um den Streit beizulegen.

Seien Sie daher bereit zu sagen: „Gut, ich werde nachgeben und dieses Mal wirklich versuchen, dir zuzuhören." Für denjenigen, der bis in die tiefsten Tiefen seines Herzens stur ist, gibt es noch folgende Methode. Sagen Sie: „Ich bin nett, wenn du es auch bist." Zählen Sie dann beide bis drei, und setzen Sie im Gespräch noch einmal dort an, wo Sie waren, bevor Sie beide dermaßen stur wurden.

Wahre Liebe gedeiht in einer Umgebung voller Mitgefühl. Die Geste, mit der der Abgrund von Beleidigungen, Erschöpfung und Enttäuschung überbrückt wird, ist eine emotionale Heldentat. Seien Sie willens, in Ihrer Beziehung ein Held zu sein, indem Sie Ihre Grenzen überschreiten und mit einer großzügigen Geste einlenken, die Ihre Beziehung nähren und erhalten wird.

Betonen Sie das Positive

Das Positive zu betonen bedeutet, daß Sie die positivste Interpretationsmöglichkeit wählen, wenn es darum geht zu beurteilen, was der andere sagt oder tut. Wenn Sie sich emotional nahe sind, können Sie es leicht mit der Angst zu tun bekommen – daß Ihre Liebe nicht von Dauer sein könnte, Ihre Träume enttäuscht werden könnten, daß alles gar nicht so gut werden wird, wie Sie es sich erhoffen, daß die andere Person Sie verlassen könnte, daß man Sie an der Nase herumgeführt hat oder daß man Sie ausnützen könnte.

Obwohl Enttäuschungen auch in der besten aller Beziehungen vorkommen können (denken Sie daran, daß niemand vollkommen ist), ist es in der Regel so, daß wir mit den besten Absichten zusammengekommen sind, voller Hoffnung und Mut, alles so zu regeln, daß es sich für beide Beteiligten möglichst positiv entwickelt. Mit anderen Worten: der Mensch, den Sie lieben, will Ihnen nichts Böses.

Wenn Sie sich an diese Tatsache inmitten all jener unvermeidbaren kleinen oder heftigen Auseinandersetzungen erinnern, vermeiden Sie, daß Ihre Beziehung in eine Abwärtsspirale der Negativität gerät. Wenn Sie das Negative betonen: „Ich weiß, daß du mich nicht liebst", „Ich weiß, daß du mich damit nur ärgern willst", „Ich weiß, daß es dir egal ist, wie ich mich fühle", „Ich weiß, daß aus uns nie etwas wird", „Ich weiß, daß du sie mehr geliebt hast, als du mich je lieben wirst", erhöhen Sie damit die Wahrscheinlichkeit, daß etwas Negatives geschieht, ganz beträchtlich.

Wenn Sie das Positive betonen, gehen Sie davon aus, daß der Fehler nicht durch den gehässigen Charakter Ihres Partners, seine Unfähigkeit oder die niederträchtige Absicht, Sie anzugreifen, zu beleidigen, zu enttäuschen oder sonst zu befremden, verursacht wurde. Sie geben sich und Ihrem Partner die Chance, sich gut zu fühlen und die Situation zu verbessern. Sie sollten statt „Du versuchst mich immer zu verwirren" folgendes versuchen: „Es tut mir leid, Liebling, ich glaube, ich habe nicht ganz verstanden, was du gesagt hast. Könntest du es mir noch einmal erklären?" und statt „Warum redest du so komisch mit mir?" „Deine Stimme hört sich etwas merkwürdig an. Ist alles in Ordnung?" sagen.

Wir alle machen Fehler und müssen mit bestimmten Anforderungen des Lebens fertig werden. Es gibt tausendundeinen Grund dafür, warum sich jemand so oder so verhält und warum es eben so auf Sie wirkt. Statt vom Schlimmsten auszugehen, sollten Sie sich vorstellen, daß die glücklichste, zuversichtlichste und bestgemeinte aller Möglichkeiten zutrifft. Dann atmen Sie tief ein, fragen Sie nach und warten Sie auf die Erklärung, die sehr wohl all Ihre Ängste auflösen und sogar Ihr Mitgefühl erwecken könnte.

Stärken Sie das „Ego" Ihrer Beziehung

Wenn man auf einem Flughafen festsitzt und auf ein Flugzeug warten muß, das sechs Stunden Verspätung hat, beschleicht einen leicht das Gefühl, daß man schon seit ewigen Zeiten auf diesem Flughafen herumsitzt. Genauso verhält es sich, wenn sich Ihre Beziehung in Aufruhr befindet – Sie haben den Eindruck, als ob es bislang nichts als Konflikte und Meinungsverschiedenheiten gab oder daß es nie etwas anderes in Ihrer Partnerschaft geben wird.

In Wirklichkeit passen die meisten unserer Partner sehr gut zu uns. Auch in den härtesten Zeiten schenken sie uns die Lektionen, die wir am dringendsten lernen müssen, und in den besten Zeiten gewähren sie uns die Freuden, nach denen wir uns am meisten sehnen.

Das Ego unserer Beziehung zu stärken heißt, uns selbst und unserem Partner all die guten Aspekte unserer Partnerschaft ins Gedächtnis zu rufen. Das bedeutet, ganz bewußt auf alle wunderbaren Dinge zu achten, die Sie tun, getan haben, tun werden und in die Sie – zusammen – hineingewachsen sind. Das Ego Ihrer Beziehung zu stärken heißt zu verstehen, daß zwischen Ihnen eine Verbindung existiert, die Anerkennung verdient hat.

Vielleicht haben Sie mittlerweile ganz vergessen, was für ein schönes Paar Sie sind. Andere bemerken es noch, aber Sie nehmen es inzwischen als selbstverständlich hin. Denken Sie wieder daran, wieviel Freude es Ihnen bereitet, Ihr Leben mit jemandem zu teilen, dessen Lebensstil den Ihren so vollkommen ergänzt. Oder Sie erinnern sich vielleicht nicht mehr daran, daß Sie auf intellektueller Ebene wirklich ausgezeichnet zueinander passen. Mit wem sonst könnten Sie diese frei fließenden und ausschweifenden Gespräche führen, wer sonst kennt die Bedeutung des Wortes *Antependium* oder weiß aus dem Kopf, wie hoch Machu Picchu liegt?

Denken Sie wieder daran, welch große Hilfe Sie füreinander sind, wie gut Sie einander wieder aufrichten können, wenn einer von Ihnen niedergeschlagen ist, weil er zum Beispiel nicht in die Fußball-Mannschaft aufgenommen wurde oder ihre Bilder von den Preisrichtern abgelehnt wurden.

Wenn Sie das Ego Ihrer Beziehung stärken, bemühen Sie sich intensiv darum, sich bewußtzumachen, was über Ihre beiden Persönlichkeiten hinaus in Ihrer Beziehung durch Ihr Zusammensein geschaffen wurde. „Haben wir nicht viel Spaß miteinander?" „Haben wir uns nicht ein schönes Zuhause geschaffen?" „Wir haben wirklich großartige Kinder." „Ich kann mich gar nicht daran erinnern, wie mein Leben war, bevor es *uns* gab. Jetzt hat alles einen Sinn."

Solche Bestätigungen haben einen äußerst positiven Effekt. Sie machen Ihnen bewußt, daß Ihre Beziehung eine Kraftquelle, eine Zuflucht und ein Schutzschild für Sie ist, wenn Sie hinaus in die Welt gehen. Würdigen Sie daher sowohl innerlich als auch in Gesprächen mit Ihrem Partner das Gute, das Sie in und durch Ihre Verbindung geschaffen haben. Dadurch werden Sie mit der Energie Ihrer Beziehung in Kontakt bleiben.

Beseitigen Sie emotionale Störfaktoren

Zu den emotionalen Störfaktoren zählen all jene kleinen, ständig nagenden Unvollkommenheiten zwischen Ihnen und Ihrem Partner: unausgesprochene Unstimmigkeiten, nicht verheilte Wunden, ungelöste Konflikte, unausgesprochene Situationen, die einen peinlich berührt haben, und versteckte Erwartungen. Wenn über diese Dinge nicht geredet wird, stehen sie zwischen Ihnen und Ihrem Partner, beeinträchtigen Ihre emotionale Verbindung und trüben die Klarheit, die Sie gerne zwischen Ihnen hätten.

Wenn Sie emotionale Störfaktoren beseitigen, so lösen Sie diese auf und schließen – bevor Sie fortfahren – wieder Frieden miteinander. Tun Sie das nicht, dann lassen Sie zu, daß Ihre Konflikte, Ihre bitteren Gefühle und die Schwierigkeiten vor sich hin gären. Um sie auflösen zu können, muß jeder von Ihnen sich wünschen und daran glauben, daß Sie Ihre Beziehung wieder in ein emotionales Gleichgewicht bringen und zu einem Ort des Friedens machen können, von dem aus Sie erneut bereit sind, die feinen emotionalen Risiken einzugehen, durch die sich eine Partnerschaft vertieft.

Eine Beziehung muß eine beständige harmonische Grundlage besitzen, ein sicherer Ort sein, von dem aus beide Partner die Gelegenheiten ergreifen können, die sowohl ihr eigenes Wachstum fördern als auch die Bande zwischen ihnen stärken. Wenn Sie die emotionalen Störfaktoren in Ihrer Beziehung beseitigen, sorgen Sie dafür, daß diese heilige Stätte rein bleibt.

Wir alle neigen dazu, die Dinge laufen zu lassen und darauf zu hoffen, daß das, was nicht in Ordnung ist, sich schon von selbst lösen wird oder einfach wieder verschwindet. Einige Dinge werden nach einer gewissen Zeit tatsächlich irrelevant, doch in Wirklichkeit kostet es uns enorm viel Energie, Probleme ungelöst zu lassen. Dabei könnten wir diese Energie viel besser dafür einsetzen, um uns zu küssen oder um Pläne zu schmieden, wann wir das nächste Mal ins Kino gehen.

Yvonne ärgerte sich noch immer über Klaus wegen einer Auseinandersetzung, die sie am Freitag gehabt hatten. Als sie am Samstag abend ausgingen, war sie schlecht gelaunt und unruhig und konnte sich weder entspannen noch vergnügen. Er hatte etwas gesagt, was sie besonders verletzt hatte: „Ich kann es nicht leiden, wenn du ständig mit Laura am Telefon hängst." Laura war Yvonnes beste Freundin, und Yvonne brauchte den Spaß, die Abwechslung und die Unterstützung, die sie durch die häufigen Gespräche mit Laura bekam. Es machte ihr Angst, daß Klaus so negativ reagierte. Statt ihm das zu sagen, hoffte sie, daß er „es nicht wirklich so gemeint hatte" oder „darüber hinwegkommen würde". Sie dachte sogar daran, eine spitze Bemerkung über Nico zu machen, Klaus' besten Freund, wenn er das nächste Mal mit ihm Golf spielen ging. Doch bislang hatte ihr keine dieser Methoden, mit denen sie die Dinge unter den Teppich kehren wollte, weitergeholfen. Yvonne fühlte sich immer noch schlecht, und die Tatsache, daß sie nicht darüber sprach, trug lediglich dazu bei, ihr den gemeinsamen Samstagabend zu verderben.

Dies ist ein perfektes Beispiel dafür, wie aus emotionalen Störfaktoren Fallgruben der Romantik werden können. Statt Ihre Liebe abzutöten, sollten Sie sich daher die zusätzliche Zeit nehmen und so umsichtig sein, Ihre ungelösten emotionalen Probleme anzugehen – gleichgültig, wie trivial oder belanglos sie Ihnen vorkommen mögen. Liebe gedeiht unter blauem Himmel. Emotionale Störfaktoren zu beseitigen bedeutet, die Wolken zu vertreiben.

Entschuldigen Sie sich immer
und immer wieder

Es ist wirklich ganz einfach und gleichzeitig auch so schwer. Wenn Sie einen Fehler gemacht haben, sollten Sie sich entschuldigen: „Es tut mit leid. Du hast recht. Ich habe tatsächlich vergessen, die Sachen aus der Reinigung abzuholen. Verzeih mir, bitte." „Es tut mir leid, daß ich geschrien habe. Ich weiß, daß ich dich damit verschreckt habe." „Es tut mir leid, ich habe nicht zugehört. Könntest du es noch einmal wiederholen? Ich möchte gerne wissen, was du gesagt hast."

Wenn Sie sowohl Ihre menschlichen Schwächen als auch die speziellen kleinen und großen Fehler, die Ihnen unterlaufen, und jene gemeinen Dinge, die Sie manchmal tun, zugeben, ist das wie eine Art Großreinemachen, das zu einer guten Beziehung dazugehört. Dadurch wird der Schmutz von dem Weg zum Herzen Ihres Liebsten oder Ihrer Liebsten gekehrt – ein Weg, der nur allzu leicht durch nagende kleine Unstimmigkeiten versperrt werden kann. Sich zu entschuldigen ist eines der Mittel, um in Ihrer Beziehung im Fluß bleiben. Sie stellen damit sicher, daß Ihre Wahrnehmung nicht so durch Beschwerden über längst vergangene Situationen getrübt wird, daß Sie sich gegenseitig nicht mehr klar sehen können.

Eine Entschuldigung besteht aus drei grundlegenden Dingen: zu sagen, was Sie getan haben, zu sagen, daß es Ihnen leid tut, und darum zu bitten, daß Ihnen verziehen wird. Es ist etwas ganz anderes, als eine Verteidigungshaltung einzunehmen oder sich zu rechtfertigen. Wenn wir uns selbst verteidigen, werden wir zu Anwälten in eigener Sache: „Ich habe es getan, weil…" „Ich wollte es nicht tun." „Er, sie oder es hat mich dazu gebracht." „Es ist nicht so, wie es zu sein scheint." „Das bildest du dir nur ein." „Mach doch aus einer Mücke keinen Elefanten."

All diese Rechtfertigungen oder Beschwichtigungen bewirken lediglich, daß sich die emotionalen Gewässer trüben. Sie verschleiern unsere wirklichen Unzulänglichkeiten, unsere Makel und Fehler und verlangen, daß man uns auf einer oberflächlichen Ebene lieben soll – der Ebene der Selbsttäuschung –, und nicht auf der Ebene tiefer emotionaler Integrität. Wenn wir unsere Fehler offen zugeben, bitten wir darum, uns im vollen Ausmaß unseres Menschseins zu lieben, wie unvollkommen auch immer wir sein mögen.

Sich zu rechtfertigen oder zu verteidigen wird ein Beziehungsproblem nur am Leben halten. Mit einer Entschuldigung kann etwas abgeschlossen werden. Der Pfad zur Vergebung wird frei, und ein neuer Anfang wird möglich. Die meisten von uns können sich gar nicht genug entschuldigen. Wenn eine Entschuldigung wirklich echt ist und von Herzen kommt, ist sie eine der schnellsten Heilmittel für jeden Konflikt und das beste Pflaster für jede Art von Verletzung in einer Beziehung.

Spielen Sie miteinander

Im Spiel empfinden wir die sorglose Freude unserer wahren Natur. Wir fühlen uns frei von Verpflichtungen und Verantwortung und freuen uns über uns selbst. Durch das Spiel können wir unser kindliches Gemüt wieder zum Leben erwecken und auf gewisse Weise in die Zeit zurückkehren, in der das Leben noch etwas Neues war und voller Möglichkeiten steckte. Da wir alle innerlich noch jung sind, sollten wir soviel wie nur möglich spielen.

Allein oder mit anderen zu spielen – an einem Aerobic-Kurs teilnehmen, Fußball, Tennis oder eine Runde Golf spielen – ist nicht nur nebensächlicher Unsinn. Das Spiel schafft einen Ausgleich. Es ist das Sicherheitsnetz unter dem Drahtseil des modernen Lebens. Spielen hält uns geistig gesund und funktionsfähig.

Allein zu spielen ist gut – gemeinsam zu spielen ist besser. Mit dem Menschen zu spielen, den Sie lieben, ist die ursprünglichste Form des Spielens. Im Spiel verbindet sich die eigentliche Freude daran mit der Möglichkeit, eine völlig unbeschwerte Erfahrung mit dem Menschen, den Sie lieben, zu machen (und ihn dadurch manchmal auf eine ganz neue Weise wahrzunehmen). Ihn zu sehen und bei ihm zu sein, wenn er am spontansten ist oder sie am unschuldigsten und am wenigsten geschützt ist, wird Ihre Wertschätzung für ihn, Ihr Empfinden für ihre Besonderheit vertiefen. Denn wenn wir das tun, was wir am liebsten tun, sind wir am meisten wir selbst. Gemeinsam albern zu sein vertieft unsere Verbindung.

„Weißt du noch, als wir damals die 200 Meter hohe Sanddüne hochgeklettert sind und, als wir oben gekommen sind, entdeckt haben, daß der Wasserturm völlig eingezäunt war? Wir sind trotzdem hochgeklettert, und ich habe mir meine kurzen Hosen am Stacheldraht zerrissen. War die Aussicht von dort oben nicht herrlich?"

„Erinnerst du dich noch an das Krocket-Turnier, das wir an Pfingsten veranstaltet haben und bei dem du gewonnen hast?" „Weißt du noch, als wir zu Fasching bei den Simons eingeladen waren und du als Kater gegangen bist und ich als Ballerina verkleidet war?" „Erinnerst du dich noch an den Sommer, in dem wir jeden Abend nach dem Essen hinter dem Haus Federball gespielt haben?"

Ob Sie zu Hause spielen, im Garten spielen, Sport treiben oder beim Ausgehen spielen: gemeinsam zu spielen verdoppelt den Spaß, da Sie dabei nicht nur die Gegenwart Ihres Partners genießen, sondern sich auch darüber freuen können, etwas zu tun, was Ihnen Freude bereitet.

Spielen Sie daher. *Spielen* Sie, *Spielen* Sie, *Spielen* Sie. Spielen Sie gut. Spielen Sie richtig. Spielen Sie weiter. Spielen Sie oft. Hören Sie niemals auf zu spielen.

Feiern Sie und kreieren Sie Rituale

Liebe blüht und gedeiht, wenn sie von freudvollen Ritualen getragen wird. Feste sind Zeichen der Anerkennung besonderer Ereignisse: Geburtstage, Jahrestage, Promotionen, Auszeichnungen, Schulabschlüsse – der Zyklen in unserem Leben und in unseren Beziehungen. Feste und Feiern verzaubern und beleben unseren Alltag. Sie lenken unsere Aufmerksamkeit auf das Wertvolle in unserem Leben und in unseren Beziehungen und bringen uns damit in Berührung.

Als wir Kinder waren, liebten wir Rituale: die Zahnfee, den Weihnachtsmann, den Osterhasen, die Geburtstage, an denen es Ponyreiten für alle Kinder gab. Nur weil wir unseren Kinderschuhen entwachsen sind, bedeutet das nicht, daß wir gleichermaßen unserem Bedürfnis nach Ritualen und Festen entwachsen sind. Auch wenn wir selbstbewußter geworden sind, heißt dies nicht, daß wir solche Gedenkfeiern in unserem Leben nicht mehr bräuchten.

Gerade diese besonderen Augenblicke, die durch ihre stetige Wiederkehr den Charakter von Ritualen gewinnen, vermitteln uns das Gefühl, verwurzelt zu sein. Sie bringen uns enger zusammen. Die Tatsache, daß bestimmte Feste einen wiederkehrenden Aspekt besitzen, macht einen gewissen Anteil unserer Freude daran aus. Wir wissen, daß sich die magischen Ereignisse auf genau die gleiche Art und Weise entwickeln werden wie bisher, und das an sich macht uns schon glücklich.

Eine Beziehung braucht solche Feste und Rituale. Roman schenkt Sabine zu Ostern immer einen Osterhasen aus Schokolade. Susanne und René fahren im Sommerurlaub zu der Hütte an dem See, an dem Susanne aufgewachsen ist. Mark und Marie verbringen ihren Hochzeitstag stets in dem Hotel, in dem sich vor 13 Jahren am Pool zum ersten Mal ihre Blicke streiften.

Sarah näht Paul zu Weihnachten immer ein Nachthemd und bestickt die Tasche mit einem Wappen. Jedes Jahr, wenn er sein neues Nachthemd bekommt, schneidet er das alte Wappen aus dem Nachthemd des letzten Jahres aus und bewahrt es in einer besonderen Schachtel auf, in der er nun bereits mehr als ein Dutzend Wahrzeichen ihrer Zuneigung gesammelt hat.

Walter bestellt jedesmal einen Geburtstagskuchen von einer Bäckerei, wenn Charlotte Geburtstag hat. Es ist ein Kuchen mit aufrecht stehenden Zahlen, genau wie jene, die sie auf ihren Geburtstagskuchen hatte, als sie noch als kleines Kind in Frankreich lebte. Und er schreibt immer die gleichen Worte auf ihre Geburtstagskarte: „Damit Du Dich immer jünger fühlst, während Du älter wirst."

Feiern Sie die besonderen Ereignisse in Ihrem Leben mit Ihren ganz persönlichen Ritualen. Rituale bringen Ordnung und Schönheit in unser Zusammenleben.

Zeigen Sie Ihre Ängste

In einer intimen Beziehung werden keine Pluspunkte dafür vergeben, besonders furchtlos zu sein. Furchtlosigkeit wird ohnehin nur vorgetäuscht und ist das Gegenteil von echter Nähe. So zu tun, als ob man keine Angst hätte, heißt eine Lüge zu leben. Um eine wirklich bedeutungsvolle Beziehung mit einem anderen Menschen zu führen, müssen Sie bereit sein, über Ihre Ängste zu sprechen.

Aus irgendeinem Grunde schämen wir uns – besonders in der westlichen Welt –, wenn wir uns fürchten. Das, wovor wir Angst haben, kommt uns häufig lächerlich oder unbedeutend vor. „Wenn du allein in Urlaub fährst, habe ich Angst, daß du mich nicht mehr lieben wirst, wenn du zurückkommst." „Ich habe Angst davor, daß du die ganze Zeit reden und mir nicht zuhören wirst." „Ich habe Angst, wenn mir mein Rücken weh tut, weil ich fürchte, daß er nicht mehr besser werden wird." Uns ist beigebracht worden, daß nur Schwächlinge Angst haben und daß wir, wenn wir uns endlich genug „zusammengerissen haben", alle Ängste überwunden haben werden und dann mit Ernest Hemingway sagen können, daß wir „Angst vor nichts haben".

In Wahrheit beziehen sich unsere Ängste auf sehr zerbrechliche Seiten in uns, auf Bereiche, in denen wir verletzt worden sind, in denen wir noch nicht ganz erwachsen, noch nicht stark genug sind oder in denen unsere größten Hoffnungen bereits zerschmettert wurden. Unsere Ängste sind sehr unterschiedlich und reichen von der unbedeutenden Angst vor Spinnen bis hin zur Angst vor dem Tod. Unabhängig davon, wie irrelevant oder überwältigend sie zu sein scheinen, legen sie Zeugnis ab von dem fragilen Innenleben unserer Psyche. Wenn wir unsere Ängste zeigen, geben wir unserem Partner zu verstehen, wo wir bedürftig sind, wo uns – aufgrund unserer Verletzlichkeit – am meisten Liebe geschenkt werden kann.

So ist das Enthüllen von Ängsten eine Geste der Offenheit, die auf eine liebevolle Reaktion vertraut. Sie besagt: „Ich weiß, daß du mich genug liebst, daß ich dir meine Schwäche zeigen kann. Ich vertraue darauf, daß du vorsichtig mit mir umgehen wirst." Wenn wir unserem Partner sagen, wovor wir Angst haben, stellt dieses Vertrauen an sich schon ein Kompliment für denjenigen dar, dem wir es schenken.

Wenn Sie Ihre Ängste zum Ausdruck bringen, erzeugt das direkt eine größere Nähe zu Ihrem Partner, da eine unserer größten Ängste diejenige ist, daß wir der einzige Angsthase auf der Erde sein könnten. Wenn Sie bekennen, daß Sie Angst haben, wird das die andere Person normalerweise dazu veranlassen, seine oder ihre Ängste ebenfalls zu zeigen. Auf diese Weise kommen Sie – indem Sie Ihre Ängste zum Ausdruck bringen – unmittelbar in Kontakt mit dem inneren Wesen des anderen, mit dem, wovor er Angst hat, wovor sie sich fürchtet und sich einsam fühlt. Und dieses Zusammensein inmitten all unserer Verletzlichkeit schafft das Erleben einer wirklichen Verbindung, die der Kern wahrer Liebe ist.

Erzählen Sie Ihrem Partner von Ihren Träumen

Ob es sich um die Träume handelt, die wir nachts träumen, oder um die Hoffnungen und Wünsche, die wir für unser Leben hegen: Träume stehen für einige der grundlegendsten, wohlbehütetsten und kostbarsten Teile unserer selbst. Weil sie etwas so Persönliches sind, schaffen Sie sofort Nähe, wenn Sie sie mit einem anderen teilen.

Die Bilder, die wir im Schlaf haben, sind eine Landkarte des unbekannten und unzensierten Teils unseres Selbst. Sie sind Botschaften an uns und über uns aus den tiefsten Bereichen unseres Unterbewußtseins. In der geheimnisvollen Sprache unserer eigenen persönlichen Symbole enthüllen sie die Dinge, die wir sogar vor uns selbst geheimhalten.

Wenn Sie Ihrem Partner von Ihren Träumen erzählen, ist dies ein Akt der Selbstoffenbarung. Denn indem Sie die Tür zu Ihrem Unbewußten auf diese Weise öffnen, erlauben Sie Ihrem Partner, Ihnen an einem besonderen und ungeschützten Ort zu begegnen, einem magischen Ort, der sich oft jenseits des gesunden Menschenverstandes oder gar jenseits der Worte befindet. Ob Ihre Träume nun für Sie oder für Ihren Partner einen Sinn ergeben oder auch nicht (und Sie müssen nicht Sigmund Freud sein, um zumindest einige der Bedeutungen zu erfassen) – Ihr Partner nimmt Sie, wenn er sich Ihnen in diesem mysteriösen Spiegel zeigt, mit in seine spirituelle Privatsphäre.

Das gleiche gilt auch für die Träume, die unsere Wünsche repräsentieren – denn wenn wir unsere Hoffnungen und Sehnsüchte offenbaren, sind wir augenblicklich auf einer höheren Ebene und fühlen uns im selben Moment auch sehr verwundbar. Wenn wir über das sprechen, was wir uns wünschen, geben wir damit auch zu erkennen, wie man uns enttäuschen kann. Die Tatsache, daß Sie schon immer eine Ballerina sein wollten (und noch nicht einmal quer durchs Wohnzimmer laufen können, ohne sich irgendwo zu stoßen), ist etwas, von dem Sie nicht möchten, daß jeder es weiß. Sprechen Sie jedoch mit Ihrem Partner darüber, so bedeutet das, daß Sie damit einen empfindlichen Teil Ihrer selbst offenlegen, der besonderer Fürsorglichkeit bedarf.

Keiner von uns vermag all seine Träume auszuleben – das Leben ist einfach zu kurz. Und wir alle haben mehr Talente als Zeit, sie zu ergründen. Obwohl uns das auf einer Ebene klar ist – meine Mutter sagte zum Beispiel oft: „Man kann eben nicht alles tun" –, haben wir selbst dann ein Gefühl des Verlustes, wenn wir uns von unseren verrücktesten oder am wenigsten zu verwirklichenden Träumen trennen sollen. Wenn wir mit unserem Partner über unsere unerfüllten Träume sprechen, bitten wir ihn oder sie auf diese Weise, uns an jenem Ort der Verletzlichkeit zu begegnen, wo er uns nicht nur als den Menschen begreifen kann, der wir sind, sondern auch als den, zu dem wir gerne geworden wären.

Von den eigenen Träumen zu sprechen ist ein Akt des Vertrauens. Wenn Sie es tun, glauben Sie daran, daß der Mensch, der Sie liebt, Sie in Ihrem innersten Wesen wahrnehmen möchte, ohne erschrocken oder beschämt zu sein und ohne sich über Sie lustig zu machen. Es bedeutet, den Glauben zu haben, daß Sie Ihre innersten Geheimnisse mit Ihrem Partner teilen können und daß er auch dann, wenn sich Ihre größten Träume nicht erfüllen, noch immer da sein wird, um Sie zu trösten.

Schenken Sie sich körperliche Nähe

Wahrer Liebe muß körperliche Zuneigung zugrunde liegen. Unser Körper ist nicht nur der Tempel unserer Seele, sondern verleiht ihr auch Ausdruck. Ohne Worte steht der Körper mit der Essenz unseres Seins in Verbindung.

Als wir noch Babys waren, gaben uns die Empfindungen, die wir in der Gegenwart der Körper unserer Eltern hatten, das Gefühl, geliebt zu werden. Als Sie Ihren Kopf an die Brust Ihrer Mutter schmiegen konnten oder von Ihrem Vater hochgehoben und von seinen starken Armen getragen wurden, vermittelten Ihnen diese körperlichen Empfindungen ein Gefühl der Sicherheit und des Geliebtseins.

Wenn Sie das Glück hatten, ausreichend Körperkontakt und Aufmerksamkeit von Ihren Eltern zu bekommen, werden Sie dies niemals missen wollen, und wenn Sie diese zärtliche Fürsorge und Zuwendung nicht erhalten haben, werden Sie sich danach sehnen, diesen Zustand endlich zu erfahren.

Empfindet Ihr Körper Freude, fühlen Sie sich gut und Ihre Seele frohlockt. Daher kann Ihnen das Geschenk eines Körpers mehr als alles andere das Gefühl vermitteln, geliebt zu werden. Peter sagte einmal: „Wenn ich mit dir Liebe gemacht habe, dann habe ich das Gefühl, daß alles möglich ist."

Gehen Sie daher großzügig mit körperlicher Nähe um – nicht nur, wenn Sie sich körperlich lieben. Massieren Sie einander den Rücken oder die Füße. Bereiten Sie ein kaltes Tuch für eine fieberheiße Stirn vor oder einen Lehmwickel für einen Bienenstich. Wickeln Sie eine Mullbinde um einen gestauchten Knöchel und werden Sie zum Überbringer von Pflastern, heißer Suppe und Medizin.

Küssen Sie sich ohne ersichtlichen Grund. Lassen Sie zu, daß aus Ihrer herzlichen Umarmung zur Begrüßung ein tiefes Eintauchen in das Wesen des anderen wird. Lassen Sie Ihre Hand über die Schulter Ihrer Liebsten streifen, wenn Sie in der Küche an ihr vorbeigehen. Berühren Sie seinen Arm, wenn Sie neben ihm auf dem Sofa sitzen. Lassen Sie Ihren Fuß dem seinen etwas Nähe spenden, während Sie zusammen einschlafen. Wenn er niedergeschlagen ist, berühren Sie sein Gesicht. Wenn sie entmutigt ist, halten Sie ihren Kopf in den Händen wie ein kostbares Gefäß.

Lassen Sie Ihre Körper die Wahrheit zum Ausdruck bringen. Lieben Sie sich in dem Bewußtsein, daß Ihr Körper all das mitteilen kann, was Sie sonst nicht vermitteln können. Und seien Sie sich bewußt, daß sexuelle Leidenschaft in ihrer sinnlichen Hingabe ein Tanz der Seelen ist.

Vertrauen Sie einander

Wahre Liebe beruht auf Vertrauen – dem emotionalen Klima, das Sie gemeinsam als die Atmosphäre schaffen, in der Ihre Liebe gedeihen kann. Zu vertrauen heißt, das Gefühl zu haben, in der Gegenwart des anderen sicher zu sein und daß er oder sie uns in Momenten der Verletzlichkeit, der Schwäche oder des Triumphs nicht enttäuschen wird.

Vertrauen bedeutet davon auszugehen, daß unser Partner ein tiefes Interesse an uns hat, daß er oder sie trotz gelegentlicher Fehltritte oder Versehen grundsätzlich um unser Wohlergehen besorgt ist. Wenn wir vertrauen, glauben wir daran, daß der andere uns zärtlich liebt und die Absicht hat, uns wahrhaft und immer zu lieben; wir stellen uns das Bestmögliche vor. Vertrauen geht davon aus, daß sich alles stets zum Besten wenden wird. Wir schenken unser Vertrauen voller Freude und erwarten, daß es erwidert wird.

Vertrauen ruft Vertrauen hervor. Wenn Sie mit allem – Ihrem Leben, Ihrem Herzen, Ihrem Körper, Ihren Talenten, Ihren Ängsten, Ihren Kindern und Ihren irdischen Gütern – zu erkennen geben, daß Sie dem Menschen, den Sie lieben, vertrauen, lädt dies Ihren Partner dazu ein, sich noch vertrauenswürdiger zu verhalten. In einer wunderbaren Aufwärtsspirale ermutigt das Kompliment des Vertrauens den anderen dazu, sich als Ihres Vertrauens würdig zu erweisen. So werden Sie immer sicherer und liebesfähiger, je mehr Sie vertrauen.

Auf die gleiche Art und Weise, auf die Vertrauen Vertrauen hervorbringt, erzeugt sein Gegenspieler, der Zweifel, Mißtrauen. Je mehr Sie unterstellen, erwarten und sich vorstellen, daß Ihr Partner Sie gar nicht liebt und Ihnen nicht wirklich zugetan ist, um so weniger wird er oder sie in der Lage sein, die Hürde Ihrer Zweifel zu überwinden, um Ihnen das Geschenk der Liebe, den Segen unsterblicher Zuneigung zu überbringen.

Vertrauen entspringt jedoch nicht allein Ihrem Geisteszustand. Es entwickelt sich als Reaktion auf die Taten, Worte und Verhaltensweisen des Menschen, dem Sie vertrauen möchten. Vertrauen ist etwas Zartes und leicht zu zerbrechen. Es kann durch einen einzigen Satz in einem vernichtenden Angriff, durch eine einzige gedankenlose Nacht des Fremdgehens oder eine grobe Lüge zerstört werden. In Angelegenheiten des Vertrauens sind wir wahrhafte Schutzengel der anderen Seele – und wir sollten den Aufbau des Vertrauens als eine ernst zu nehmende Verantwortung betrachten.

Daher sollten Sie nicht nur vertrauen, sondern auch selbst vertrauenswürdig sein. Verlangen Sie das Beste von sich – Integrität in Ihren Handlungen, Absichten und Worten –, damit Sie ein würdiger Partner bei der Erschaffung einer vertrauensvollen Atmosphäre sind, die Ihnen lebenslang als Wiege Ihrer Liebe dienen wird.

Tun Sie all dies immer und immer wieder

Ich kenne eine Zigeunerin, die aus der Hand liest und Ihnen zwei beliebige Fragen für 20 Mark beantwortet. Wenn in Ihrem Leben etwas falsch läuft oder ein Wunsch besteht, der sich nur schwer verwirklichen läßt, verlangt sie jedesmal 200 Mark, um zehn Tage lang zehn Kerzen brennen und so Ihren Wunsch auf diese Weise Wirklichkeit werden zu lassen.

Ich habe mich immer wieder gefragt, ob sie diese Kerzen wirklich anzündet oder ob sie nur mehr Geld verdienen will. Wie auch immer – es ist etwas Wahres daran: Wünsche verwirklichen sich nicht, indem man ein einziges Mal an sie denkt. Unsere Bemühungen und unsere Aufmerksamkeit lassen sie wahr werden. So, wie die Zigeunerin die Kerzen anzündet, um Wünsche Wirklichkeit werden zu lassen, müssen wir das Feuer unseres Begehrens in unserem Herzen und in unserem Geist, in unseren Gefühlen und Handlungen schüren, damit unsere tiefsten Herzenswünsche wahr werden.

Es ist nicht leicht, unser Verhalten zu verändern. Wir müssen ständig und immer wieder das gewünschte Verhalten üben. Das gilt auch in unserer Beziehung. Wenn Sie lernen, anders über den Menschen, den Sie lieben, zu denken und sich neue Verhaltensweisen angewöhnen, sollten Sie bedenken, daß dies ein Prozeß ist, der Zeit braucht. Sie werden die Gesten der Liebe weder in einer Minute lernen, noch werden sie Ihnen allein durch die Lektüre dieses Buches in Fleisch und Blut übergehen. Sie werden sich an sie erinnern und sie immer und immer wieder üben müssen, um dauerhafte Ergebnisse zu erzielen.

Liebevolles Verhalten ist eine Art von Nahrung: Wenn wir hungrig sind, essen wir und sind dann satt. Doch das bedeutet nicht, daß wir nie wieder hungrig werden. Nur weil wir einmal daran gedacht haben, unsere romantischen Gefühle wieder aufleben zu lassen, oder uns an die Schwierigkeiten erinnert haben, die unsere Lebensumstände unserem Partner bereiten, heißt das nicht, daß dieses Thema für alle Zeiten erledigt ist. Wir alle brauchen die Segnungen der Liebe und ihre freundlichen Aufmerksamkeiten immer wieder aufs neue. Keiner von uns ist so gesegnet und mit sich selbst zufrieden, daß er nicht all des Guten bedarf, das er bekommen kann.

Wie ein Wunsch oder ein Kunstwerk, so wird auch die Schönheit einer Beziehung mit der Zeit erschaffen. Die Liebe, die Sie sich vorstellen und wünschen, werden Sie nur erfahren, wenn Sie sich beständig um sie bemühen. Tun Sie daher all die hier beschriebenen Dinge immer und immer wieder, und Ihre Beziehung wird weit über Ihre kühnsten Träume hinaus gedeihen.

Transformation
durch Liebe

Trösten Sie einander

Das Leben ist vielleicht in einem weitaus größeren Maße, als wir es uns zugestehen wollen, von Tragik erfüllt. Jedem von uns werden emotionale Belastungen aufgebürdet, die unsere Kräfte oftmals übersteigen. Wir alle machen leidvolle Erfahrungen und erleben Situationen, die uns das Herz brechen, die so schmerzhaft sind, daß wir nicht wissen, wie wir sie überleben sollen. Es gibt Zeiten, in denen wir das Gefühl haben, daß die Erfahrung, die wir gerade machen, uns letztendlich verschlingen oder zerstören wird.

Wenn uns dies bewußt wird, erkennen wir, wie groß der Bedarf an Trost ist. Im Angesicht des Ausmaßes an Leid um uns herum können wir nicht anders, als uns zu bemühen, heilend zu wirken, auch wenn wir kaum wissen, wie wir das tun sollen. Unabhängig davon, wie unzulänglich unsere Geste auch scheinen mag – sie wird zu dem Menschen vordringen, der nach Trost verlangt.

Jemanden zu trösten ist eine spirituelle Handlung. Es beginnt mit einem Zustand der Gnade, in dem wir akzeptieren, daß wir alle leiden und daß es zu unserer höchsten Berufung gehört, andere durch das Tal der Tränen zu begleiten.

Jeder von uns sollte die Bereitschaft entwickeln, in schmerzlichen Zeiten füreinander die Funktion eines „Seelenarztes" zu übernehmen. Denn genau dann, wenn wir von den traurigen Aspekten des Lebens heimgesucht werden, benötigen wir die Gegenwart des Menschen, den wir lieben, am meisten. Gerade dann, wenn wir niedergeschlagen sind, brauchen wir am meisten Hilfe, und wenn wir traurig sind, ist uns am stärksten danach, liebevoll in die Arme genommen zu werden.

Zu trösten bedeutet bereit zu sein, sich auf die Tiefe der Verletztheit einzulassen. Es bedeutet, jemandem nahe zu sein und eine Verbindung herzustellen, in die Trauer eines anderen Menschen einzutreten, dieser Gegenwart standzuhalten und ein Zeuge des Unerträglichen zu sein, damit es schließlich ertragen werden kann.

Zu trösten heißt auch, Mut zuzusprechen – mit Ihren Worten, mit Ihren Händen, mit Ihrem Herzen und mit Ihren Gebeten. Zu trösten bedeutet, gemeinsam zu trauern und dadurch den Verlust zu teilen. Wenn Sie jemandem Trost schenken, werden Sie beide nicht so einsam sein. Sie lauschen vom innersten Winkel Ihres Selbst dem innersten Bereich ihrer Seele, Sie antworten mit dem großzügigsten Teil Ihres Selbst auf seine Bedürftigkeit.

Vergeben Sie einander

Einem Menschen, der sie verletzt hat, zu vergeben, bedeutet, ihn auf eine völlig andere Art und Weise zu betrachten: durch die Augen der Güte und der Liebe. Es ist eine schwierige Aufgabe, die Ihr Leben transformieren kann, denn zu vergeben heißt, einer Beziehung neues Leben einzuhauchen. Mit der Vergebung verändern Sie die „Chemie" zwischen Ihnen von „abgestanden" in „süß".

Verzeihen beginnt in Wahrheit bei Ihnen selbst. Es bedeutet, zu verstehen, daß auch Sie – trotz Ihrer besten Absichten – versagen und entdecken werden, daß Sie all jene schrecklichen Dinge tun, von denen Sie dachten, daß nur Ihre Feinde dazu in der Lage wären. Der erste Schritt dahin, anderen vergeben zu können, ist, mit sich selbst trotz der eigenen Fehler nachsichtig zu sein. Denn wir können den Menschen, der uns verletzt hat, nicht wieder in unser Herz aufnehmen, wenn wir nicht zuvor uns selbst die eigenen Vergehen verziehen haben.

Um vergeben zu können, ist eine gewisse emotionale Reife sowie die Bereitschaft erforderlich, in die Zukunft zu schauen. Vergeben bedeutet, von neuem zu beginnen, von einem anderen Standpunkt aus, sich aus der Tiefe des eigenen Herzens heraus so zu verhalten, als wäre die schlechte Tat nie begangen worden. In diesem Sinne ist Verzeihen ein kreativer Akt, denn er verlangt, daß Sie eine neue Beziehung schaffen. Ab jetzt.

Dies erfordert eine tiefe, innerliche Transformation. Zu vergeben heißt nicht zu vergessen, das heißt die Worte oder Handlungen, die Sie verletzt haben, unter den Teppich zu kehren. Es bedeutet vielmehr, willens zu sein, Ihr Herz so weit zu öffnen, daß Sie das Verletzende von einer anderen, höheren Perspektive aus betrachten können, sich selbst von einer Schwarz/Weiß-Gesinnung zu lösen und zu erkennen, daß wir bemüht sind, es so gut wie möglich zu machen – doch wir haben alle unsere Fehler. Als Menschen sind wir nicht vollkommen und haben einander schreckliche, unverzeihliche Dinge angetan oder werden es noch tun.

Um verzeihen zu können, müssen Sie den anderen Menschen in seiner Gesamtheit wahrnehmen, den Menschen, den Sie lieben, in seinem ganzen Wesen annehmen und verstehen, warum er oder sie das getan hat, was Sie so sehr verletzt hat. Statt für immer wegen all der kleinen Vergehen, der Beleidigungen und der Momente, in denen der andere Sie mißbraucht hat, nachtragend zu sein, lassen Sie durch die Geste des Verzeihens zu, daß sich diese Geschehnisse im Lichte einer sich ständig verändernden Wahrnehmung auflösen. In diesem Sinne ist Verzeihen eine Einladung, von neuem zu beginnen, sich wieder an das Gute zu erinnern, was die ganze Zeit über da war, und zuzulassen, daß all die negativen Dinge – wie der Samen der Pusteblume – vom Wind davongetragen werden.

Seien Sie sich der Macht
der Sprache bewußt

Die Sprache ist ein sehr machtvolles Instrument. Was wir in Worten von uns geben, ist das, was wir glauben oder erwarten, und wenn wir etwas oft genug sagen, wird es mit der Zeit wahr werden. Das, was wir sagen und was wir andere sagen hören, besitzt die Macht, unsere Erfahrung, unsere Weltanschauung und, was vielleicht am wichtigsten ist, die Sicht unserer selbst zu formen. Eine der großen Gaben der Liebe ist, daß wir in unseren Beziehungen diese Eigenschaft der Sprache dazu nutzen können, um den Menschen, den wir am meisten bewundern, zu stärken, zu erleuchten und zu heilen.

Eine Form der emotionalen Heilung entspringt der präzisen Anwendung der Sprache – Worte, die Sie aussprechen, und Worte, die Ihnen gesagt werden. Aus diesem Grunde kann eine intime Beziehung mit dem für sie wesentlichen verbalen Austausch mehr als nahezu alles andere in der Welt unsere tiefen emotionalen Wunden heilen.

Das, was uns die Menschen sagen, die wir lieben, hat wahrhaftig die Macht, unsere Erinnerungen und tief in uns verwurzelte Verletzungen zu heilen und die Wahrnehmung unserer selbst und der Welt neu zu erschaffen. Das bedeutet, daß die negativen Worte, die Ihr frühes Bewußtsein und / oder Ihr Selbstbild geprägt haben – „Du bist häßlich", „Du kannst das nicht haben; wir haben nicht genug Geld", „Du paßt nie auf", „Warum kannst du nicht mal still sein?" –, tatsächlich durch den bedachten Einsatz von Sprache verändert, korrigiert und aufgelöst werden können.

Die Eltern von Karlheinz hatten ihn unzählige Male wegen seines Verhaltens in der Schule angeschrien. Sie hatten ihn dafür kritisiert, daß er seine Schulbücher nicht in Ordnung hielt, ihn dafür bestraft, daß er zu spät kam und ihn wegen seiner mittelmäßigen Zensuren getadelt. Nie hatte jemand seine gute Intuition bemerkt, seine besonderen geistigen Fähigkeiten. Das über Jahre hinweg entstandene Minderwertigkeitsgefühl begann an dem Tag zu heilen, als seine Partnerin ihm zum ersten Mal sagte, daß er intelligent sei. „Du bist genial", sagte sie. „Ich liebe die Art, wie dein Geist funktioniert." „In dem Augenblick, als sie das sagte, begann sich etwas in mir zu verändern", sagte mir Karlheinz später. „Ich hörte auf zu glauben, daß ich dumm bin. Je häufiger sie das sagte, um so mehr fiel mir auf, daß auch andere Menschen manchmal etwas Ähnliches sagten. Mit der Zeit veränderten ihre Worte mein Selbstempfinden vollkommen."

Sprache kann die Wirklichkeit verändern. Sie sollten Ihre Worte daher wie die mächtigen Werkzeuge einsetzen, die sie sind, um mit ihnen zu heilen, zum Leben zu erwecken, wie mit Zauberhand all die schmerzlichen Wunden aus der Kindheit zu entfernen, um zu nähren, wertzuschätzen, zu segnen, zu vergeben und aus ganzem Herzen *wahre Liebe* zu erschaffen.

Betrachten Sie Ihre Beziehung als etwas Heiliges

Ob es offensichtlich ist oder nicht: jede Beziehung hat einen höheren Sinn, der über sie hinausreicht, eine Bedeutung, die jenseits der Konventionen der Liebe und der Romantik liegt. Dieser höhere Sinn hat seine Wurzeln in der Vergangenheit beider Individuen und schlägt seine Brücken bis in die Zukunft hinein. Er besteht darin, aus uns ganz individuell das zu machen, was wir unserem höchsten Potential gemäß sein können und – wenn auch nur in geringem Maße – das Wesen der Realität zu verändern, in die wir hineingeboren wurden.

Dieses Wissen bedeutet, daran zu glauben, daß alles, was zwischen Ihnen geschieht – die kleinen Dramen und Traumata, die lebensverändernden Tragödien – Sie wie einen Diamanten schleifen, damit Sie Ihren einzigartigen Beitrag zum menschlichen Leben leisten können. Es heißt zu akzeptieren, daß der Mensch, den Sie lieben, aus einem bestimmten Grund in Ihr Leben getreten ist, der weit über die Befriedigungen des Augenblicks oder sogar Ihre persönliche Zukunft hinausgeht und auf die Ewigkeit jenseits der Zeit gerichtet ist.

Das, was Sie hier gemeinsam tun, wie gut und wie vollkommen Sie es tun, wirkt sich nicht nur darauf aus, wie gemütlich Sie im Alter in Ihren Schaukelstühlen beisammen sitzen werden, sondern auch auf jedes andere Lebewesen. Wir alle haben teil an dem Prozeß der Erschaffung der Menschheit und an der Gestaltung einer Welt, die voller Frieden und von Liebe durchdrungen ist. Dies ist unser wahrhaftes Erbe. Wenn wir unsere Beziehungen heiligen, werden die auftretenden Schwierigkeiten und Verletzungen augenblicklich weniger, und statt dessen erkennen wir die überwältigende Gegenwart wahrer Liebe.

Ihre Beziehung als etwas Heiliges zu betrachten bedeutet, sie nicht als Mittel zur Befriedigung Ihrer selbst zu sehen, sondern als eine Gabe der Liebe, welche Sie voller Freude ihrer höheren Bestimmung überlassen.

Dies ist nicht nur mit einer Haltung der Akzeptanz verbunden, sondern auch damit, sowohl zu sprechen als auch zu schweigen. Einerseits bedeutet es, sich gegenseitig verbal diese höhere Wahrheit zu bestätigen: „Ich danke dir dafür, daß du das Instrument bist, durch das es mir gegeben ist, meine höhere Bestimmung zu entdecken." „Ich weiß, daß wir aus einem wichtigen Grund zusammengekommen sind." „Ich liebe dich dafür, daß du der Weg bist, das Göttliche in meinem Leben zu erkennen."

Andererseits bedeutet es manchmal auch, die Stille im Herzen zu tragen, die eine Danksagung an diese höhere Bestimmung zum Ausdruck bringt, oder gemeinsam zu meditieren, was gleichbedeutend ist mit einem gemeinsamen spirituellen Weg oder einem Gebet, in dem Sie darum bitten, daß Ihnen der Sinn Ihres Zusammenseins enthüllt werde.

Ihre Liebe ist eine der Fasern, aus denen das Universum besteht. Sie als dies zu betrachten heißt, Ihre Beziehung auf einen absoluten Standpunkt zu erheben und aus dem Absoluten unendliche Freude zu empfangen.

Weihen Sie Ihre Beziehung einer höheren Bestimmung

Auf unserem Lebensweg brauchen wir Wegmarken, die uns an die Qualität unseres Lebens und die Schönheit unserer Beziehung erinnern. Wir würdigen und heiligen unsere Beziehung, wenn wir sie durch rituelle Handlungen aus dem Alltäglichen erheben. Persönliche Rituale liefern uns nicht nur einen Bezugsrahmen für den Wert, den wir unserer Beziehung beimessen, sondern auch für den Wert, den andere ihr verleihen sollen.

Als ich ein Kind war, sagte mein Vater immer vor dem Abendessen an meinem Geburtstag ein Gebet auf: „Du wunderbares Kind und fröhlicher Geist, wir feiern heute mit Dank und Liebe in unseren Herzen, daß du uns als eines unserer Familienmitglieder gegeben wurdest, deinen Geburtstag. Mögest du ein Jahr voller Freude erleben, und mögen deine erstaunlichen Talente wie Pfeile ihr wahres Ziel in einem langen Leben auf dieser Welt finden."

In der Gegenwart dieser heiligen Worte bekam mein Leben zusätzliche Dimensionen. Es verwandelte sich in einen heiligen Ort voller Qualitäten und Möglichkeiten. Mein Leben wurde zu einem Privileg und einer Verantwortung. Wie schwierig die Zeiten auch waren, die ich durchleben mußte, und welchen Härten ich auch begegnete, das Ritual dieser heiligen Worte war ein wundervoller Bezugsrahmen, der mir meine höhere Bestimmung wies.

Auch Beziehungen sollten auf diese Weise einem höheren Zweck gewidmet werden und durch Rituale und Feste geheiligt werden, deren mystischer Gehalt sie aus dem Alltäglichen erhebt. Ein rituelles Fest besagt in Wirklichkeit, daß dieser Tag nicht so wie alle anderen ist, dieser Mensch nicht so wie alle anderen ist und diese Beziehung nicht so wie alle anderen ist. Denn wir wollen uns nicht nur im Herzen, sondern auch in unseren Handlungen vereinigen, um so unsere höhere Bestimmung zu erfüllen.

Obwohl wir vielleicht glauben, daß etwas nur in der Kirche geweiht werden kann, haben wir doch alle die Fähigkeit, unsere Beziehung dem Höheren zu weihen. Ihre Beziehung einem höheren Zweck zu widmen ist eine kreative und sehr persönliche Angelegenheit. Nehmen Sie sich Zeit dafür, Ihre Einheit dankbar anzuerkennen – vielleicht an Ihrem Hochzeitstag. Bestimmen Sie einen Ort, an dem Sie Ihre Beziehung ehren wollen, und erschaffen Sie Ihr eigenes persönliches Ritual – zünden Sie Kerzen an, sagen Sie ganz spezielle Worte, und lassen Sie Musik spielen.

Indem Sie Ihre Beziehung einem höheren Zweck widmen, geben Sie wiederholt und auf eine wunderschöne Art und Weise zu verstehen, daß Sie Ihre Beziehung als heilig betrachten möchten und nicht als einen Fehler, und daß Sie beabsichtigen, durch diesen Akt und mit Ihrem geliebten Partner als Zeugen Ihre Beziehung ewig auf höchster Ebene zu leben.

Stellen Sie sich gegenseitig ins Licht

Eine Beziehung ist immer viel mehr, als wir es uns vorstellen oder erwarten. Sie ist mehr als nur ein Weg, mit dem Leben besser zurechtzukommen, mehr als ein geselliges Beisammensein, mehr als das aufregende Feuerwerk einer neuen Liebe. In einer Beziehung treffen zwei Menschen aufeinander, deren Wesen in schönen und in schmerzlichen Erfahrungen und in dem unerbittlichen Prozeß ihres individuellen Werdens aneinander Anteil nehmen.

So betrachtet sind Beziehungen wie unerbittliche Mahlsteine, die uns bis zum äußersten Glanz polieren und vervollkommnen. Und genau dieser Glanz ist die höchste Ausdrucksform der Liebe: er macht eine Beziehung zu etwas Spirituellem.

Wenn wir dem Menschen, den wir lieben, mit der Erwartung begegnen, daß er oder sie all unsere emotionalen Probleme lösen wird oder soll oder unsere materiellen Wünsche erfüllen wird, reduzieren wir ihn oder sie zu einer Schachfigur in unserem eigenen Spiel. Dann sehen wir die Beziehung als eine Erfahrung im Sinne von: *Was kann ich bekommen?* anstelle von: *Was kann ich werden?*

Wenn wir eine Beziehung von einem anderen Gesichtspunkt aus betrachten – einem, der sie als Ort des spirituellen Wachstums würdigt –, nehmen wir den Menschen, den wir lieben, völlig anders wahr. Unser Partner ist dann nicht mehr mit unserer Hoffnung und der Forderung verknüpft, daß er oder sie für uns jetzt so und so sein sollte. Statt dessen erkennen wir in unserem Partner einen spirituellen Begleiter. Wir stellen ihn ins Licht.

Wenn Sie Ihren Partner ins Licht stellen, bedeutet dies, daß Sie ihn oder sie als eine Seele wahrnehmen, die sich in einem ständigen Prozeß des Werdens befindet, und Sie begegnen Ihrem Partner im Glanz seines eigenen Wesens und all seiner Bestrebungen, zu

Daphne Rose Kingma

werden. Den anderen ins Licht zu stellen heißt, nach dem reinen Geist zu suchen, der sich jenseits der Begrenzungen des individuellen Seelenlebens und der gesellschaftlichen Umstände befindet. Es bedeutet, sich des gesamten Wesens Ihres Partners bewußt zu werden, so wie er oder sie seit Anbeginn der Zeit war und sein wird.

Dies zu tun heißt, sich jenseits all der unwesentlichen – wenn auch abgrundtiefen – Enttäuschungen, die Sie während Ihres Zusammenlebens erfahren, von der Göttlichkeit dieses einzigartigen und vollkommenen Wesens durchdringen zu lassen, das Ihnen gegeben wurde, um auf dem Weg zu Ihrer eigenen Bestimmung an Ihrer Seite zu stehen.

Einander ins Licht zu stellen bedeutet, sich so zu sehen, wie Gott Sie sehen würde, völlig davon in Anspruch genommen, vollkommen zu werden.

Verneigen Sie sich
vor dem Mysterium der Liebe

Eine Beziehung – zwei Menschen, die zusammenkommen, um gemeinsam zu leben, zu arbeiten, zu spielen, zu lachen, zu trauern, sich zu freuen und um ihre Sexualität zu genießen – ist die Form, die menschliche Wesen der Liebe geben. Liebe an sich – jene unbeschreibliche Essenz, die uns zusammenbringt – liegt jedoch jenseits jeglicher Definition und entzieht sich unseren Versuchen, sie zu analysieren. Liebe hat ihre eigenen Wege. Liebe *ist* einfach.

Die Liebe ist ein Mysterium, ihre Essenz ist engelhafter Natur. Ihr eigentliches Wesen läßt sich nicht innerhalb unserer gewohnten Sichtweise der Realität erklären. Sie existiert gleichzeitig innerhalb und außerhalb unserer selbst. Sie bindet uns, während sie uns befreit, sie öffnet unsere Herzen und läßt sie zerbrechen. Man kann sie nicht sehen, außer in den Augen von Liebenden, und auch nicht fühlen, außer im Herzen eines Menschen, der geliebt wird. In ihrer Abwesenheit erscheint uns alles grau, und unsere Seele leidet, während ihre Gegenwart unser Herz, unsere Psyche und unser Leben transformiert.

Wenn wir uns nach Liebe sehnen, wissen wir, ohne sie benennen zu können, daß wir sie erkennen werden, wenn wir sie finden. Dies ist das eigentliche Mysterium der Liebe – wie unfähig wir auch sein mögen, sie zu beschreiben, wir erkennen sie, sobald wir sie erfahren.

Liebe strömt auf eine Weise in unsere Beziehungen, die jenseits unserer Absicht oder unserer Vorstellungskraft liegt. Manchmal kommt die Liebe, um zu verweilen, und wird durch die Gefühle und Bemühungen der Menschen, die sie eingeladen haben, genährt und umhegt. Wird sie jedoch nicht gewürdigt oder gepflegt, zieht die Liebe weiter und sucht nach einem wahren Zuhause.

Wenn wir uns vor dem Mysterium der Liebe verneigen, erkennen wir an, daß Liebe sich jenseits unseres Verständnisses befindet und wir sie nie völlig begreifen werden. Die Liebe, nach der wir uns sehnen, ruft uns zu sich, umgibt uns, und ohne daß wir es wissen, bindet sie unsere Seelen an sich. In der Gegenwart von Liebe gibt es einen Moment, an dem es nichts weiter zu sagen oder zu beweisen gibt, an dem es nichts mehr gibt, wonach wir fragen oder was wir bereuen könnten. Es ist nichts mehr da – außer dem Wunder der Liebe selbst.

„Manch ein Buch eröffnet neue Möglichkeiten ..."

Eine Auswahl aus der Bibliothek „Lebensreiseführer"
(bekannt geworden durch die Fünf »Tibeter«) des Integral Verlags

Virginia Satir
Und wer liebt mich?

Wie immer bei Virginia Satir geht es um Beziehungen – insbeson-
dere um die Beziehung zu jenem Wesen, das uns aus dem Spiegel
fragend entgegenblickt. Und es geht um Mut: den Mut zum
Hinschauen, zur Nähe, zum Innehalten. Die behutsamen Anstöße
in diesem kleinen Werk zielen darauf ab, uns selbst liebevoll
anzuerkennen als die Person, die wir im Augenblick sind.

Virginia Satir
Vitamin »L«

Mit einer leicht zugänglichen Alltagsmeditation lädt Virginia Satir
ein, Harmonie, Energie und umfassende Gesundheit aktiv zu
erleben. Die kurzen Texte geben uns einen Schlüssel zu dem Raum
tief in unserem Innern, den wir vielleicht seit langem zum ersten
Mal wieder betreten. Dort finden wir das Geheimnis des Lebens:
Vitamin »L«, jene nährende Substanz, die uns in unserer Ein-
maligkeit mit allen Menschen verbindet.

Michael Saathen
Ein Hauch von Himmel

Der Himmel wird nicht von selbst auf die Erde fallen. Wir müssen
ihn schon herunterholen. Aber was können wir dazu beitragen,
die Erde in Eden zu verwandeln? Der Autor lädt ein, seine origi-
nellen wie inspirierenden Denk- und Übungsvorschläge auszu-
probieren, um bewußter zu kommunizieren, aus der Tretmühle
von Hoffnung und Enttäuschung auszusteigen und die absolute
Liebe zu uns selbst und anderen wiederzuentdecken. Eine Einladung, zu lieben.

Maruschi Magyarosy
Ich finde mich

So werden vielleicht die Sachbücher der Zukunft geschrieben: Die Autorin läßt in ihrem spannenden und berührenden Buch die LeserInnen ihre persönliche spirituelle Entwicklung miterleben und vermittelt spielerisch und wie nebenbei leicht nachvollziehbare Körperübungen, sowie Weisheit und Lehre großer spiritueller Lehrer aus Ost und West.

Julian Barnard
Blüten für die Seele

Das beliebte Bachblüten-Brevier bringt alles Wesentliche so kurz und einfach wie möglich – und auf unterhaltsame Weise. Der Autor ist Forscher und Praktiker auf diesem Gebiet und ein hervorragender Kenner des Lebenswerkes von Dr. Edward Bach. Zum Kennenlernen der Blütenessenzen in Theorie und Praxis ist Barnards Ratgeber unübertroffen.

Eliane Ganem
Blüten der Erkenntnis

Die brasilianische Schriftstellerin und spirituelle Lehrerin Eliane Ganem hat in ihrer Arbeit das geniale Zusammenspiel von Bachblüten und Enneagramm entdeckt und nutzt es für die Bewußtmachung der eigenen Persönlichkeit. Für jeden Persönlichkeitstyp findet sich das entsprechende Bach-Blütenmittel, das auch den physischen Körper erreicht und in der Tiefe zur Heilung bringen kann.

Christopher Scott Kilham
Lebendige Sexualität

Mit Leichtigkeit, Witz und neuem Bewußtsein führt der Autor direkt zum Kern der „schönsten Sache der Welt". Was ist erotische Liebe anderes als Ausdruck und Austausch lebendiger Energie? Dieses reich illustrierte Buch zeigt, wie Sie die Lebens- und Liebesenergie anregen und nähren können: mit Sensibilisierungs- und Entspannungsübungen, Massagen, stimulierenden Nahrungsmitteln und – den Fünf »Tibetern«.

Reiseziel:
Persönliche Entwicklung

**Vielleicht die besten Jahre
überhaupt** / Hardin
Ich finde mich / Magyarosy
Die Fünf »Tibeter« / Kelder
Power für die grauen Zellen / Holler
Voyager – Tarot / Wanless
Lebendiger Yoga / Kilham
**Lebendige Sexualität – Fit
for Love** / Kilham
Und mehr ...

Soll unser Leben von nun an – oder
weiterhin – von Freude und Abenteuerlust
gekennzeichnet sein? Ist es möglich, das
Alter ab 40 als Chance für inneres Wachstum
und als Krönung unseres Lebens anzusehen?
Und könnte es sein, daß es jetzt erst richtig
losgeht?
„Wenn Sie nie den Kurs ‚Zweite Lebens-
hälfte‘ belegt haben – und keiner von uns hat
das –, sollten Sie dieses Buch lesen."
Larry Dossey
über *Vielleicht die besten Jahre überhaupt*

Reiseziel:
Lebendige Beziehungen

**Die Fünf »Tibeter«
mit Kindern** / Simonsohn
Und wer liebt mich? / Satir
Vitamin »L« / Satir
Ein Hauch von Himmel / Saathen
**Allein schafft ein Mann
das nie** / Kingma
Die kleinen Gesten der Liebe / Kingma

„Eine höchst moderne Form des Partner-
schafts- und Erotik-Knigges für Liebende ...
Jeder Text ist ein Kleinod, das sich länger zu
bedenken und als Paar zu besprechen lohnt.
Die Texte regen an, die Liebesbeziehungen
tiefer, leidenschaftlicher und erfüllter zu
gestalten ..."
Norbert Copray – in *Publik-Forum*
über *Die kleinen Gesten der Liebe*

... über 1 Million Gesamtauflage: Bücher mit eigener Qualität

Reiseziel:
Ausgleich und Gesundsein

Die 90-Sekunden-Pause / Herkert
O-Naami: Leben ohne „Streß" / Perkins
Blüten für die Seele / Barnard
Blüten der Erkenntnis / Ganem
**Die Fünf-»Tibeter«-Feinschmecker-
küche** / Weise & Frederiksen
Gesundheit selbst gestalten / Hobert

„John Perkins stellt eine neue Technik vor,
mit der sich Streß schnell und einfach
abbauen läßt. Die fünf Grundelemente von
‚O-Naami' erlernt man direkt beim Lesen
des Buches. Ein- oder zweimal am Tag zehn
bis zwanzig Minuten lang angewendet,
helfen die Übungen, Streßsituationen zu
bewältigen."
Cosmopolitan
über *O-Naami: Leben ohne „Streß"*

INTEGRAL
VOLKAR-MAGNUM

Der QuantenMensch – *Ein Blick in die Entfaltung des menschlichen Potentials im 21. Jahrhundert* / Michael Murphy

„Das Beeindruckende an Murphys Buch ist die positive Öffnung in die Zukunft. Wo andere das Ende der Menschheit prophezeien, plädiert er für **einen neuen Schritt in der menschlichen Evolution,** der dem vom Tier zum Menschen gleichkäme…"

Der längere Atem – *Die Meisterung des Alltäglichen* / George Leonard

„Für Leonard bedeutet Meisterschaft, die Fähigkeit, ein Ziel zu verfolgen und dabei die ‚Plateauphasen' zu genießen – jene scheinbar ereignislosen Phasen beim Üben und Tun, die das Gehirn braucht, um einen ‚Klick', das heißt einen kleinen Quantensprung im Können vorzubereiten. Also: **Den Weg genießen, ohne auf das Ziel fixiert zu sein…"**

Im Zeitstrudel *(The White Hole in Time)* – *Die atemberaubende Untersuchung unserer Zukunftschancen* / Peter Russell

„Wenn wir darüber sprechen, den ‚Planeten zu retten', bedeutet das für die meisten von uns nicht das Fortbestehen des Lebens überhaupt auf der Erde sicherzustellen. Wenn das unser Ziel wäre, müßten wir unseren kollektiven Selbstmord in unseren Maßnahmenkatalog aufnehmen – aber wir wollen den Planeten retten, um den Fortbestand der Menschheit zu sichern. Bevor wir aber anfangen uns selbst zu retten, müssen wir uns zuerst fragen, was wir überhaupt retten wollen. **Wollen wir die Menschheit so retten wie sie jetzt ist? …"**

Und der Traum wird Welt – *Schamanische Impulse zur Aussöhnung mit der Natur. Reiseberichte aus Ecuador* / John Perkins

Unser egoistischer Traum des „Mehr, größer, schneller," ist zu einem Alptraum geworden. Einen anderen Traum träumen in den Regenwäldern Ecuadors „primitive" Stämme ehemaliger Kopfjäger. Ihre Schamanen reisen in Welten, in denen Tiere und Menschen, Pflanzen und Steine, vom gleichen Geist beseelt, untrennbar miteinander verbunden sind… **Wovon der Mensch träumt, das wird wahr…**

Intuition im Business – *Souverän entscheiden mit Tarot* / James Wanless

Die Gesellschaft, auch die Wirtschaft und mit ihr die Instrumentarien stehen an einem Wendepunkt. Weder die Welt, noch die Menschen sind Maschinen. In den Köpfen geistern aber noch immer die Gespenster der Planbarkeit und der absoluten Lösungen herum. Doch es gibt keine absoluten Lösungen: Das Leben ist zwar gestaltbar, aber nicht steuerbar. Und: Probleme werden nie auf der Ebene gelöst, auf der sie entstehen. **Wir brauchen Hilfsmittel, um mit anderen Ebenen in Berührung zu kommen – mit Ebenen der Intuition und der Mühelosigkeit, mit dem Namenlosen…**
Aus dem Vorwort von Karl Gamper

Das QuantenMensch-Trainingshandbuch – von Michael Murphy & George Leonard erscheint im Frühjahr 1996

INTEGRAL
VOLKAR-MAGNUM